THÉATRE
DE
ALEX. DUMAS.

I

OUVRAGES EN VENTE.

THÉATRE
DE
ALEXANDRE DUMAS
ŒUVRES NOUVELLES,

2 vol. in-8. Prix : 15 fr.

LA FERME DE L'OSERAIE

Par ÉLIE BERTHET. — 2 vol. in-8. 15 fr.

LA FILLE DU CABANIER

Par LE MÊME. — 2 vol. in-8. 15 fr.

LOUIS XIV ET SON SIÈCLE

Par ALEXANDRE DUMAS. — 9 vol. in-8. 45 fr.

MÉMOIRES SECRETS DE 1770 A 1830

Par le comte **ARMAND D'ALLONVILLE**,

6 vol. in-8. Prix : 36 fr.

Le tome 6ᵉ et dernier, séparément, 7 et 8 fr.

TRAITÉ DE L'USURE

PAR M. PETIT,

PRÉSIDENT DE CHAMBRE A LA COUR ROYALE DE DOUAI.

1 vol. in-8. 5 fr.

Corbeil, imprimerie de CRÉTÉ.

THÉATRE
DE
ALEX. DUMAS.

OEUVRES NOUVELLES.

I

MADEMOISELLE DE BELLE-ISLE, — HALIFAX,

DRAME EN PROSE ET COMÉDIE EN PROSE MÊLÉE DE CHANT.

PARIS,
PASSARD, LIBRAIRE-ÉDITEUR,
9, RUE DES GRANDS-AUGUSTINS.

1846

MADEMOISELLE DE BELLE-ISLE,

DRAME EN CINQ ACTES, EN PROSE.

PERSONNAGES.

M. LE DUC DE RICHELIEU, PAIR DE FRANCE.

M. LE CHEVALIER D'AUBIGNY, GENTILHOMME BRETON, LIEUTENANT AUX GARDES DU ROI.

M. LE DUC D'AUMONT, CAPITAINE AUX GARDES.

M. LE CHEVALIER D'AUVRAY, LIEUTENANT DES MARÉCHAUX DE FRANCE, GREFFIER DU POINT D'HONNEUR.

CHAMILLAC.

PREMIER LAQUAIS DE LA MARQUISE DE PRIE.

PREMIER LAQUAIS DU DUC DE RICHELIEU.

Mme LA MARQUISE DE PRIE.

Mlle GABRIELLE DE BELLE-ISLE.

MARIETTE, FEMME DE CHAMBRE DE LA MARQUISE DE PRIE.

La scène se passe à Chantilly, les 25 et 26 du mois de juin 1726.

ACTE PREMIER.

Un boudoir attenant à une chambre à coucher.

SCÈNE PREMIÈRE.

MADAME LA MARQUISE DE PRIE, à sa toilette; MARIETTE décachetant des lettres qu'elle jette dans un brûle-parfums.

LA MARQUISE.

Va tout de suite à la signature, il n'y a pas une de ces lettres dont je ne sache d'avance le contenu.

MARIETTE.

Madame la marquise est bien indifférente aujourd'hui.

LA MARQUISE.

Eh! ne voyez-vous pas, ma chère, que toutes ces protestations d'amour et toutes ces assurances de dévouement, ne s'adressent ni à la fille du traitant Pléneuf, ni à la femme du marquis de Prie, mais à la favorite de M. le duc de Bourbon, successeur du régent, et premier ministre de Sa Majesté Louis XV? Brûle donc, brûle.

MARIETTE, lisant les signatures.

M. de Nocé.

LA MARQUISE, se coiffant.

Brûle.

MARIETTE.

M. de Duras.

LA MARQUISE.

Brûle.

MARIETTE.

M. d'Aumont.

LA MARQUISE.

Brûle, brûle.

MARIETTE.

J'espère qu'en voilà de l'amour qui s'en va en fumée!

LA MARQUISE.

C'est tout?

MARIETTE.

C'est tout.

LA MARQUISE.

Rien de M. le duc de Richelieu?

MARIETTE.

Rien!

LA MARQUISE.

C'est bizarre!

MARIETTE.

Madame la marquise me permettra-t-elle de lui avouer qu'elle m'inquiète sérieusement?

LA MARQUISE.

Comment cela ?

MARIETTE.

C'est que madame la marquise paraît menacée d'un véritable amour.

LA MARQUISE.

Pour le duc ?

MARIETTE.

Pour le duc.

LA MARQUISE.

Vous croyez !

MARIETTE.

J'en tremble ; que madame la marquise y prenne garde, on en meurt.

LA MARQUISE.

Bah !

MARIETTE.

Madame Michelin.

LA MARQUISE.

Une tapissière…

MARIETTE.

N'importe ; à la place de madame la marquise, j'y ferais attention.

LA MARQUISE.

Et qui fait croire que c'est dangereux ?

MARIETTE.

Les symptômes.

LA MARQUISE.

Vraiment ?

MARIETTE.

Il y a inquiétude quand ses lettres n'arrivent pas,

indifférence quand les lettres des autres arrivent, fidélité depuis trois semaines; la maladie en est au troisième degré, dernier période.

LA MARQUISE.

Je t'étonnerais bien davantage si je te disais une chose.

MARIETTE.

Laquelle?

LA MARQUISE.

Curieuse.

MARIETTE.

Que madame la marquise me pardonne; c'est qu'il y a si longtemps que je n'ai été étonnée!

LA MARQUISE.

Eh bien! c'est que le duc est fidèle.

MARIETTE.

Est-ce que madame la marquise me permettra d'en douter?

LA MARQUISE.

Doute, si tu veux, j'en suis sûre, moi.

MARIETTE.

Malgré son voyage à Paris?

LA MARQUISE.

Malgré son voyage.

MARIETTE.

Madame la marquise lui a donc fait prendre un philtre?

LA MARQUISE.

Non, je lui ai fait donner sa parole.

MARIETTE.

Ah! le bon billet qu'a la Châtre!

ACTE I, SCÈNE I.

LA MARQUISE, *tirant la moitié d'un sequin d'une bourse.*

Vois-tu ceci?

MARIETTE.

La moitié d'une pièce d'or?

LA MARQUISE.

Oui : eh bien! le duc de Richelieu ne m'a pas encore renvoyé l'autre.

MARIETTE.

Ce qui veut dire?

LA MARQUISE.

Qu'il m'aime toujours.

MARIETTE.

Cela demande explication.

LA MARQUISE.

Elle ne sera pas longue... Ce qui rend malheureux en amour, c'est moins de ne pas être aimé quand on aime, que d'être encore aimé quand on n'aime plus.

MARIETTE.

Ce que dit madame la marquise est plein de profondeur.

LA MARQUISE.

Eh bien! quand j'ai renoué avec M. le duc de Richelieu, à son retour de Vienne, nous avons arrêté une chose, c'est que, sous aucun prétexte, cette liaison ne deviendrait un tourment : en conséquence, nous avons brisé un sequin en deux parties égales, nous en avons pris chacun une, et nous sommes convenus que le premier qui n'aimerait plus, au moment même où il cesserait d'aimer, renverrait sa moitié, avec parole mutuelle que celui qui la recevrait n'aurait pas le plus petit mot à dire, et ne ferait pas le moindre reproche. M. de Richelieu ne m'a pas encore renvoyé sa moitié; donc il m'aime encore.

Madame de Prie remet sa moitié dans sa bourse, qu'elle referme et pose sur sa toilette.

MARIETTE.

Oh! mais c'est du plus grand ingénieux, cela; peut-être aussi est-ce l'habitude en Autriche; cela prouverait énormément en faveur de la civilisation allemande.

LE LAQUAIS, entrant.

M. le duc de Richelieu désirerait avoir l'honneur de présenter ses hommages à madame la marquise.

LA MARQUISE.

Le duc de Richelieu?

LE LAQUAIS.

Il arrive de Paris à l'instant même, et fait demander si madame la marquise est visible.

LA MARQUISE.

Certainement. (*Le laquais sort. A Mariette.*) Voilà pourquoi je n'avais pas de lettre.

MARIETTE.

C'est miraculeux! Madame la marquise veut-elle que je la laisse seule?

LA MARQUISE.

Dans un instant; ce serait remarqué peut-être si vous me quittiez tout de suite.

SCÈNE DEUXIÈME.

Les mêmes, LE DUC DE RICHELIEU.

LE DUC, de la porte.

Madame la marquise veut bien me recevoir à mon débotté ?

LA MARQUISE.

En aviez-vous douté, cher duc ?

LE DUC, lui baisant la main.

Est-ce trop de fatuité que de vous répondre non ?

LA MARQUISE.

Vous permettez que cette fille achève de m'ajuster ?

LE DUC.

Comment donc !

Il s'appuie au canapé sur lequel est assise la Marquise.

LA MARQUISE.

Et vous arrivez de Paris ?

LE DUC.

Il y a dix minutes.

LA MARQUISE.

Qu'y faisait-on de nouveau ?

LE DUC.

On portait dans les rues la châsse de sainte Geneviève.

LA MARQUISE.

Et pourquoi ?

LE DUC.

Pour obtenir du soleil.

LA MARQUISE.

Et les Parisiens s'adressent à sainte Geneviève pour cela?

LE DUC.

Que voulez-vous? Ils ne savent pas que c'est vous qui faites la pluie et le beau temps.

LA MARQUISE.

A propos, avez-vous rencontré madame Dallainville?

LE DUC.

Oui, chez Charrost.

LA MARQUISE.

Que fait-elle?

LE DUC.

Elle continue de maigrir.

LA MARQUISE.

Oh! bah! impossible, elle était déjà impalpable.

LE DUC.

Eh bien! elle devient invisible, voilà tout! Et ici?

LA MARQUISE.

Oh! mon Dieu, rien qui mérite la peine d'être dit. M. le duc de Bourbon a chassé; moi, je vous ai attendu; voilà comme le temps s'est écoulé.

LE DUC.

Je croyais d'Auvray à Chantilly.

LA MARQUISE.

Il y est effectivement.

LE DUC.

Est-ce qu'en sa qualité de lieutenant de nos seigneurs

les maréchaux et de greffier du point d'honneur, il flairait quelque duel?

LA MARQUISE.

Non pas que je sache.

LE DUC.

Est-il venu seul?

LA MARQUISE.

Avec d'Aumont.

LE DUC.

Oh! vraiment, ce brave duc, toujours coiffé de la veille et rasé d'une semaine, c'est bien, sur mon honneur, le gentilhomme le plus débraillé de France!

LA MARQUISE, à Mariette.

Cela suffit, mademoiselle; je n'ai plus besoin de vous; mais ne vous éloignez pas.

SCÈNE TROISIÈME.

LE DUC, LA MARQUISE.

LE DUC, s'asseyant près de la Marquise.

Chère marquise, enfin nous voilà donc seuls!

LA MARQUISE.

Après huit jours d'absence, quand vous deviez n'en rester que cinq.

LE DUC.

Huit jours!... Était-ce trop pour faire ma cour au jeune roi, après deux ans d'exil à Vienne?

LA MARQUISE.

Et puis, pour revoir madame de Villars, madame de Duras, madame de Villeroy, madame de Sabran, madame de Mouchy, mademoiselle de Charolais, madame de Soubise, madame...

LE DUC.

Mais cela m'a presque l'air d'un reproche.

LA MARQUISE.

Et si c'en était un, que diriez-vous?

LE DUC.

Que vous venez au-devant de celui que j'allais vous faire.

LA MARQUISE.

Et lequel, s'il vous plaît?

LE DUC.

Pendant ces huit jours, pas la plus petite lettre, pas

le moindre mot d'amour ! Savez-vous que je ne connais pas même votre écriture?

LA MARQUISE.

Ah! duc, pour un diplomate, vous faites là une lourde faute. Est-ce que la favorite d'un premier ministre peut écrire à son amant, et surtout lorsque cet amant s'appelle le duc de Richelieu? Nous savons trop bien le parti que vous tirez de pareilles pièces, Monseigneur.

LE DUC.

Ah! vous voulez parler de la lettre de la duchesse de Berry. Voilà que vous allez me reprocher le plus beau trait de ma carrière amoureuse! une action à la Bayard! Eh bien, je lui ai rendu sa lettre pour ne pas désoler Riom. Est-ce que je vous parle de d'Aumont, moi, lequel a profité de mon absence pour venir traîtreusement à Chantilly?

LA MARQUISE.

Le fait est que je ne sais pas si c'est d'amour; mais, d'honneur, il est à moitié fou.

LE DUC.

Oh! marquise, vous lui faites tort de l'autre moitié. Vous m'aimez donc toujours?

LA MARQUISE.

Et vous?

LE DUC.

Moi, c'est de la folie. A propos, permettez-vous, quoique vous n'écriviez pas, ma belle discrète, que je vous offre ces tablettes? c'est ce que j'ai trouvé de plus nouveau et de plus digne de vous.

LA MARQUISE.

Vous croyez me prendre en défaut et avoir un avantage sur moi. Me permettrez-vous, mon fidèle chevalier, maintenant que l'on dit que vous êtes devenu économe, de vous offrir cette bourse que j'ai brodée de ma main?

LE DUC.

Ah! mais voilà qui est charmant de votre part, marquise, chère marquise!

LA MARQUISE, regardant les tablettes.

Mes armes! décidément, c'était bien pour moi.

LE DUC, regardant la bourse.

Mon chiffre! il n'y a pas à s'y tromper. (La Marquise veut ouvrir les tablettes.) Ah! n'ouvrez pas! quand je n'y serai plus, à la bonne heure.

Il se lève.

LA MARQUISE.

Est-ce que vous me quittez déjà?

LE DUC.

Il faut que j'aille faire ma cour à M. le Duc.

LA MARQUISE.

Vous savez qu'il part demain?

LE DUC.

Oui, j'ai appris cela; il est invité aux chasses de Rambouillet, n'est-ce pas?

LA MARQUISE.

Décidément, monseigneur l'évêque de Fréjus est en baisse, et nous sommes toujours roi de France.

LE DUC.

Je baise les mains de Votre Majesté.

ACTE I, SCÈNE III.

LA MARQUISE.

A bientôt?

LE DUC.

Vous le demandez? (A part, en sortant.) Elle m'aime toujours, cette bonne marquise.

Il sort.

LA MARQUISE.

Ce pauvre duc, plus amoureux que jamais! il n'a pas voulu me laisser ouvrir ses tablettes... quelque lettre d'amour! quelque madrigal! (Elle les ouvre). Que vois-je! la moitié de mon sequin!

LE DUC, reparaissant à la porte, tenant la bourse d'une main, et de l'autre la seconde moitié de la pièce, qu'il montre.

Marquise!

LA MARQUISE, tenant les tablettes d'une main, lui montre la pièce de l'autre.

Duc!

Ils éclatent de rire tous deux.

LE DUC.

Pardieu! nos cœurs étaient faits l'un pour l'autre, ou je ne m'y connais pas!

LA MARQUISE.

Oh! le fait est, mon cher duc, que c'est d'une sympathie miraculeuse!

LE DUC, s'approchant.

Vous ne m'aimez plus?

LA MARQUISE.

Si, je vous aime toujours, et vous?

LE DUC.

Oh! et moi aussi.

LA MARQUISE.

Comme amie.

LE DUC.

Comme ami.

LA MARQUISE.

Alors, vous en aimez une autre comme maîtresse.

LE DUC.

J'en ai peur; et vous, un nouvel amant.

LA MARQUISE.

Oh! moi, j'ai la tête perdue.

LE DUC, se rasseyant.

Bah! vraiment! vous allez me conter cela!

LA MARQUISE.

Confidence pour confidence.

LE DUC.

C'est juste,... d'autant plus que j'ai compté sur vous.

LA MARQUISE.

Ah! voilà que vous me donnez le rôle de madame de Villars; eh bien! je l'accepte : voyons, qu'y a-t-il?

LE DUC.

Vous, d'abord.

LA MARQUISE.

Un jeune gentilhomme breton que j'ai fait passer du régiment de Champagne dans les gardes du roi.

LE DUC.

Par l'influence du duc de Bourbon!

LA MARQUISE.

Oh! non, par celle de Montrain de Fournaise.

LE DUC.

Ah! ce bon capitaine! c'est vrai, je l'avais oublié : toujours en enfance!

LA MARQUISE.

Mon Dieu, oui, depuis l'âge de raison.

LE DUC.

Et le nom du rival?

LA MARQUISE.

Le chevalier d'Aubigny.

LE DUC.

Ah! bonne famille, ma foi, bonne famille! et connaît-il son bonheur?

LA MARQUISE.

Il ne connaît rien du tout, les épaulettes lui sont venues toutes seules.

LE DUC.

Ah çà! mais, ce coquin-là, il doit se croire le filleul d'une fée. Et où est-il, sans indiscrétion?

LA MARQUISE.

Ici.

LE DUC.

Ah! ici!

LA MARQUISE.

Il fait partie du détachement en garnison à Chantilly.

LE DUC.

Diable! et comment ne m'avez-vous pas envoyé cette bourse plus tôt?

LA MARQUISE.

Il n'est arrivé que d'hier.

LE DUC.

Je suis dans mon tort, il n'y avait pas de temps de perdu.

LA MARQUISE.

A votre tour, maintenant... j'espère que j'ai été franche.

LE DUC.

Je vais suivre l'exemple. Imaginez-vous une personne charmante.

LA MARQUISE.

Ah! ménagez mon amour-propre; je ne vous ai pas fait le portrait du chevalier.

LE DUC.

C'est juste... une provinciale.

LA MARQUISE.

Que vous avez rencontrée?

LE DUC.

Chez M. de Fréjus, d'abord.

LA MARQUISE.

Ah! M. de Fleury.

LE DUC.

Puis chez le roi.

LA MARQUISE.

Quelque La Vallière?

LE DUC.

Point, c'est ce qui vous trompe : une fille de noblesse, qui vient de la Bretagne pour solliciter la grâce de son père et de ses frères prisonniers à la Bastille, et que monseigneur de Fréjus a renvoyée au roi, et le roi à M. le Duc, de sorte qu'elle est arrivée ce matin une heure avant moi.

ACTE I, SCÈNE III.

LA MARQUISE.

Et elle est ici ?

LE DUC.

Comme M. le chevalier d'Aubigny... c'est d'un hasard étourdissant.

LA MARQUISE.

Vraiment, duc ?

LE DUC.

En honneur !

LA MARQUISE.

Eh bien ! qu'est-ce que tout cela va devenir ?

LE DUC.

Je n'en sais rien ; mais cela promet d'être assez amusant, pour peu que cela se complique.

LA MARQUISE.

Maintenant vous n'avez oublié qu'une chose.

LE DUC.

Laquelle ?

LA MARQUISE.

Le nom de cette charmante Bretonne ?

LE DUC.

Mademoiselle de Belle-Isle.

LA MARQUISE.

La petite-fille de Fouquet ?

LE DUC.

Elle-même.

LA MARQUISE.

Mais vous le savez, duc, ces Belle-Isle sont mes ennemis.

LE DUC.

Bah! qui vous a dit cela? un Pâris Duverney, qui est devenu, de garçon cabaretier, soldat aux gardes, et de soldat aux gardes, financier. Quelle foi voulez-vous ajouter aux accusations d'un pareil homme?

LA MARQUISE.

Cependant le père est compromis dans l'affaire Leblanc, et ses fils sont accusés d'assassinat.

LE DUC.

Eh? mon Dieu, oui; on dit ces choses-là pour faire mettre les gens à la Bastille; on y croit même tant qu'ils n'y sont pas; et puis, quand ils y sont, on les y laisse, mais on n'y croit plus. Tenez, marquise, je ne sais pas si c'est parce que j'y ai été trois fois, à la Bastille, mais j'ai grande pitié des gens qui y vont, et surtout de ceux qui y retournent.

LE LAQUAIS.

Mademoiselle de Belle-Isle.

LA MARQUISE.

Eh bien! pourquoi annoncez-vous ainsi sans vous informer si je puis recevoir?

LE LAQUAIS.

Madame la marquise avait dit que ce matin...

LA MARQUISE.

Oui, j'aurais un lever; mais pas pour tout le monde.

LE DUC.

Oh! marquise, je vous en supplie.

ACTE I, SCENE III.

LA MARQUISE.

Je n'ai rien à vous refuser, mon cher duc. (Au laquais.) Faites entrer.

LE DUC.

Vous êtes adorable.

LA MARQUISE.

Il paraît que mon rôle commence.

SCÈNE QUATRIÈME.

Les mêmes, Mlle DE BELLE-ISLE.

MADEMOISELLE DE BELLE-ISLE.

Madame...

LA MARQUISE.

Approchez, mademoiselle.

MADEMOISELLE DE BELLE-ISLE.

Que vous êtes bonne d'avoir daigné me recevoir ainsi sur ma première demande !

LA MARQUISE.

Ce n'est pas moi qu'il faut remercier, c'est M. le duc de Richelieu.

MADEMOISELLE DE BELLE-ISLE.

Monsieur le duc !

LA MARQUISE.

Il m'a dit que l'affaire qui vous amenait était pressante et ne pouvait se remettre.

MADEMOISELLE DE BELLE-ISLE.

Merci donc d'abord à M. le duc de Richelieu ! J'avais eu le bonheur de le rencontrer sur ma route pour m'ouvrir les portes de Versailles : il paraît qu'il ne m'a point abandonnée à Chantilly. Mais ensuite, merci à vous, madame, à vous, dont la grâce et la bonté me sont d'un si heureux présage !

ACTE I, SCÈNE IV.

LA MARQUISE.

Eh bien! me voilà, dites-moi comment je puis vous être utile?

MADEMOISELLE DE BELLE-ISLE.

Mon nom vous a appris qui je suis, ma démarche doit vous dire quelle est la grâce que je sollicite. Mon père et mes deux frères sont à la Bastille depuis trois ans : mon père, un vieux gentilhomme, accusé de fraude et de concussion; mes frères, des soldats, accusés de meurtre et de guet-apens. Vous voyez bien que c'est impossible, madame, et cependant depuis trois ans j'attendais près de ma mère que justice leur fût faite; mais ma mère est morte, et je me suis trouvée entre une tombe et une prison. Alors, je suis partie seule, sous la sauvegarde de mon malheur.

LA MARQUISE.

Que vouliez-vous?

MADEMOISELLE DE BELLE-ISLE.

Voir M. de Fréjus, me jeter aux pieds du roi!

LA MARQUISE.

Eh bien?

MADEMOISELLE DE BELLE-ISLE.

Eh bien! madame, j'ai été repoussée par tous; par M. de Fréjus, qui m'a dit que les affaires politiques ne le regardaient pas; par le roi, qui, occupé des plaisirs de son âge, ignore jusqu'à l'existence de ceux que l'on persécute en son nom. Enfin on m'a renvoyée à M. le duc de Bourbon, et je suis venue à vous, madame. Pourquoi? par instinct, parce que vous êtes une femme, parce que moi, pauvre fille de la Bretagne, épouvantée des cours, tremblant à chaque instant de commettre quelque faute d'étiquette, je me suis crue sauvée du moment où je pourrais parler à une femme.

LE DUC.

Et vous avez eu raison, mademoiselle; madame la marquise fera tout ce qu'elle pourra, je vous le promets en son nom.

LE LAQUAIS.

M. le duc d'Aumont, M. le chevalier d'Auvray.

LE DUC.

Au diable les mal venus!

LA MARQUISE.

Vous le voyez, mademoiselle, quelque intérêt que m'inspire votre dévouement, je suis forcée de recevoir, plus tard nous reprendrons cette conversation.

Mlle DE BELLE-ISLE.

Ah! madame, plus tard vous retrouverai-je aussi parfaite? Il me reste tant de choses à vous dire, mon Dieu, qui convaincraient votre esprit, ou qui toucheraient votre cœur! Qui sait même si je pourrai parvenir jusqu'à vous, et si les persécuteurs de ma famille ne lui auront pas fait demain une ennemie de celle que j'implore aujourd'hui comme mon ange sauveur?

LA MARQUISE.

Comment faire? Je voudrais vous entendre, mais...

LE DUC.

Eh bien! marquise, il y a moyen de tout arranger; entrez chez vous avec mademoiselle, et je vais recevoir ces messieurs en votre nom.

LA MARQUISE.

Je me suis engagée à ne vous rien refuser aujourd'hui, monsieur le duc; faites donc les honneurs à ma place. Venez, mademoiselle.

Mlle DE BELLE-ISLE.

Ah! madame, c'est le ciel qui m'a inspirée lorsque je suis venue à vous, et c'est lui qui vous récompensera tous deux; car moi, je ne puis que vous remercier.

SCÈNE CINQUIÈME.

LE DUC, puis LE DUC D'AUMONT et LE CHEVALIER D'AUVRAY.

LE DUC.

Voilà qui va à merveille! je tire le père et le fils de la Bastille; et comme une bonne action trouve toujours sa récompense, je suis récompensé, ou il n'y a plus de justice humaine. Faites entrer ces messieurs. (Ils entrent.) Bonjour, duc.

D'AUMONT.

Bonjour, duc.

LE DUC, à d'Auvray.

Ah! c'est vous, chevalier! nous ne nous sommes pas vus, je crois, depuis le jour où je voulais me couper la gorge avec le comte Emmanuel de Bavière, et où vous m'avez arrêté. Oui, pardieu! bien arrêté, au nom de nos seigneurs les maréchaux de France. Sans rancune.

D'AUVRAY.

Sans rancune! sans rancune! c'est bientôt dit! Que vous me pardonniez de vous avoir sauvé un coup d'épée, peut-être, je le comprends; mais reste à savoir si nous vous pardonnerons, nous, d'être depuis une heure en tête-à-tête avec la marquise, tandis que nous ne serons pas même admis à baiser le bas de sa robe.

D'AUMONT.

Elle t'a donc chargé de ses pouvoirs vis-à-vis de nous?

ACTE I, SCÈNE V.

LE DUC.

Oui, et j'en profiterai pour te donner un conseil en son nom.

D'AUMONT.

A moi?

LE DUC.

A toi.

D'AUMONT.

Donne.

LE DUC, lui mettant la main sur l'épaule.

Ecoute, d'Aumont : Dieu t'a fait bon gentilhomme, le roi t'a fait duc et pair, madame la duchesse d'Orléans t'a fait cordon bleu, ta femme t'a fait... capitaine des gardes, moi, je t'ai fait chevalier de Saint-Louis, à telle enseigne que j'ai été forcé de t'embrasser ce jour-là : fais donc à ton tour quelque chose pour toi, fais-toi la barbe.

D'AUMONT.

Que veux-tu, mon cher? c'est une tradition de la régence : on nous aimait comme cela alors, et ce n'est pas nous qui avons changé, ce sont les femmes. Au diable la mode! tout le monde n'a pas été doué comme toi de la faculté de se plier à tout, et de passer partout; il n'était donné qu'à Fronsac de devenir Richelieu! Mais nous verrons comment tu t'en tireras au milieu de l'amélioration des mœurs, comme disent les philosophes.

LE DUC.

Ah çà! véritablement, chevalier, est-ce que nous sommes devenus aussi prudes que le dit d'Aumont?

D'AUVRAY.

Mon cher duc, ne m'en parlez pas : autrefois, vous savez, de fondation, toutes les femmes avaient un confesseur et deux amants; aujourd'hui c'est tout le contraire, elles ont un amant et deux confesseurs. C'est une conséquence naturelle des choses ; nous sommes tombés de cardinal en évêque, passés de Dubois à Fleury.

LE DUC.

Bah ! vous avez toujours été misanthrope, mon cher d'Auvray ?

D'AUMONT.

Non, d'honneur, c'est la vérité pure; il tient la chose de bonne source : c'est sa femme qui la lui a dite.

D'AUVRAY.

Eh bien ! voilà ce qui te trompe, d'Aumont, c'est la tienne.

D'AUMONT.

Alors, la chose n'en est que plus sûre. Tu vois bien, mon cher, qu'en échange de ton conseil, je puis t'en donner un à mon tour, c'est de retourner à Vienne.

LE LAQUAIS.

M. le chevalier d'Aubigny.

LE DUC.

Ah ! ah ! mon rival ! Décidément, c'est une femme de goût que la marquise ! Et pourquoi retourner à Vienne ?

D'AUVRAY.

Parce qu'il n'y a plus rien à faire ici.

LE DUC.

Parlez pour vous, messieurs.

D'AUVRAY.

Ah! nous parlons pour tous.

LE DUC.

Eh bien! c'est ce que nous verrons.

D'AUMONT.

D'honneur, duc, je n'aurais pas cru que tu pusses devenir plus fat que tu ne l'étais. C'est la maîtresse du prince Eugène qui t'a achevé. Tu te crois un grand tacticien parceque vous vous êtes rencontrés sur le même champ de bataille : retourne à Vienne, mon cher.

LE DUC.

Un pari.

D'AUVRAY.

Lequel ?

LE DUC.

J'ai besoin de mille louis. D'Aumont est si avare qu'il ne me les prêterait pas; vous êtes si prodigue que vous ne pourriez pas me les donner. Je veux vous en gagner à chacun cinq cents.

D'AUMONT.

Je ne demande pas mieux.

D'AUVRAY.

Ni moi.

LE DUC.

Vous dites que les femmes sont devenues, en mon absence, d'une vertu féroce?

D'AUMONT.

C'est notre opinion.

LE DUC.

Eh bien! moi, je parie, moi, duc de Richelieu, entendez-vous, d'Auvray? entends-tu, d'Aumont? je parie obtenir de la première fille, femme ou veuve que nous verrons, soit ici, soit en sortant du château, un rendez-vous dans les vingt-quatre heures.

D'AUVRAY.

Un instant, précisons, un rendez-vous d'amour?

LE DUC.

Pardieu! les rendez-vous d'affaires regardent mon intendant.

D'AUMONT.

Un rendez-vous d'amour?

LE DUC.

Un rendez-vous d'amour.

D'AUVRAY.

Et où sera donné ce rendez-vous?

LE DUC.

Dans sa chambre, si vous le voulez.

D'AUMONT.

A quelle heure?

LE DUC.

A minuit, si cela vous convient.

D'AUVRAY.

Et comment la chose sera-t-elle prouvée?

LE DUC.

Eh! pardieu! je vous jetterai un billet par sa fenêtre; ce n'est pas plus difficile que cela.

D'AUMONT.

Tope.

D'AUVRAY.

Je suis de moitié.

LE DUC.

C'est bien entendu : la première fille, femme ou veuve que nous voyons, soit dans le château, soit en sortant du château, à une condition cependant.

D'AUMONT.

Laquelle ?

LE DUC.

C'est qu'elle sera jolie.

D'AUVRAY.

Cela va sans dire.

DEUXIÈME LAQUAIS.

Madame la marquise de Prie.

LE DUC.

Ah! celle-ci ne compte pas, messieurs, je vous volerais votre argent.

SCÈNE SIXIÈME.

Les mêmes, LA MARQUISE,

entrant suivie d'un laquais, qui porte son livre d'heures.

LA MARQUISE.

Pardon, messieurs, pardon. J'ai été empêchée ce matin, et maintenant il faut que j'aille à la messe; demain il y a soirée au château, vous entendez.

D'AUMONT, saluant.

Marquise...

LA MARQUISE, au duc.

Revenez dans une heure, il faut que je vous parle.

LE DUC.

Merci.

D'AUVRAY.

Et madame la marquise ne nous recevra pas demain matin pour nous dédommager de sa rigueur d'aujourd'hui.

LA MARQUISE.

Impossible, chevalier; demain matin j'accompagne M. le Duc à Paris et ne serai de retour que pour le bal. Adieu, duc; messieurs, adieu.

Elle sort par la porte opposée; le Laquais la suit.

D'AUVRAY.

Eh bien! que disions-nous? la marquise à la messe; si cela continue, madame de Parabère mourra aux Carmélites.

ACTE I, SCÈNE VI.

D'AUMONT.

Eh ! messieurs, messieurs, nous ne faisons pas attention.

Mademoiselle de Belle-Isle passe par la galerie.

LE DUC.

Mademoiselle de Belle-Isle ?

D'AUVRAY.

Ah ! ah ! ceci paraît vous gêner.

D'AUMONT.

Cette fois, tu ne nous voleras pas notre argent.

LE DUC.

Non; mais j'espère vous le gagner.

D'AUVRAY.

Allons donc, va pour mille louis.

D'AUBIGNY, s'avançant.

Un instant, messieurs, c'est moi qui tiens le pari.

LE DUC.

Vous ?

D'AUBIGNY.

Oui, moi.

D'AUMONT.

Et comment cela ?

D'AUBIGNY.

Parce que j'en ai le droit; j'épouse dans trois jours celle que M. le duc de Richelieu doit déshonorer dans les vingt-quatre heures.

ACTE DEUXIÈME.

Même décoration.

SCÈNE PREMIÈRE.

LA MARQUISE, et LE DUC entrant.

LA MARQUISE.

Et vous avez tenu le pari?

LE DUC.

Je l'ai tenu.

LA MARQUISE.

Quelle folie!

LE DUC.

Ai-je la réputation d'un homme sage?

LA MARQUISE.

Vous avez perdu.

LE DUC.

J'ai jusqu'à demain onze heures du matin, et il n'est encore que cinq heures du soir.

ACTE II, SCÈNE I.

LA MARQUISE.

Et avec qui avez-vous fait cette belle gageure ?

LE DUC.

Je vous le dirai quand j'aurai gagné ; qu'il vous suffise de savoir que je défends vos intérêts, que je suis fidèle à ma parole ; aussi je réclame la vôtre.

LA MARQUISE.

Ma parole ?

LE DUC.

Oui ; n'avez-vous pas promis de m'aider dans tout ce que j'entreprendrais ?

LA MARQUISE.

Si fait.

LE DUC.

Eh bien ! je compte sur vous.

LA MARQUISE.

Et vous avez raison.

LE DUC.

Vous me dites cela d'une manière.....

LA MARQUISE.

Comment donc ! n'est-ce point parole engagée ?

LE DUC.

Adieu, marquise.

LA MARQUISE.

Vous me quittez ?

LE DUC.

Je vais reconnaître la place.

LA MARQUISE.

Elle loge ?

LE DUC.

Hôtel du Soleil.

LA MARQUISE.

Oh! oui, je m'en souviens maintenant; elle me l'a dit ce matin.

LE DUC.

Un brave homme d'hôtelier qui nous vole de père en fils depuis trois générations, et qui n'aura rien à me refuser.

LA MARQUISE.

Allez et revenez vite : vous savez que M. le duc a des dépêches à vous remettre.

LE DUC.

Et puis, il faut que je vous tienne au courant.

LA MARQUISE.

Au revoir. (Le Duc sort.) Mariette!

SCÈNE DEUXIÈME.

LA MARQUISE, MARIETTE, sortant d'un cabinet à gauche du spectateur.

LA MARQUISE.

Vous étiez là?

MARIETTE.

Je n'ai rien écouté.

LA MARQUISE.

Ce qui veut dire que vous avez tout entendu.

MARIETTE.

Oh! mais bien malgré moi.

LA MARQUISE.

Que dites-vous du duc ?

MARIETTE.

Je dis que, pour un homme amoureux comme il l'était, il s'est bien vite consolé d'avoir reçu la moitié de son sequin.

LA MARQUISE.

N'était-ce pas chose convenue ?

MARIETTE.

Et madame la marquise ne lui en veut pas un peu de cette fidélité à observer ses conventions ?

LA MARQUISE.

Oh ! si fait !

MARIETTE.

A la bonne heure ! madame la marquise ne serait pas femme.

LA MARQUISE.

Le fat ! venir tout me dire, sous la seule promesse que je ne révélerai rien à mademoiselle de Belle-Isle !

MARIETTE.

C'est mettre madame la marquise au défi.

LA MARQUISE.

Et croire qu'il peut compter sur moi pour cela ?

MARIETTE.

J'espère qu'il s'est trompé.

LA MARQUISE.

Oh ! oui ; d'ailleurs c'est une bonne œuvre que de protéger une femme isolée, sans appui, sans expérience... contre les attaques d'un homme aussi corrompu que M. le duc de Richelieu.

MARIETTE.

Certainement que c'est une bonne œuvre; et une bonne œuvre en rachète deux mauvaises, dit M. de Fréjus.

LA MARQUISE.

Qu'entendez-vous par là, mademoiselle?

MARIETTE.

Qu'au jour du jugement, madame la marquise me donnera ce qu'elle en aura de trop.

LA MARQUISE.

Vous avez bien de l'esprit pour une femme de chambre.

MARIETTE.

Ce n'est pas ma faute, madame la marquise, l'esprit se gagne. Je le savais en entrant chez vous; c'est pour cela que je n'ai pas été difficile sur les gages... Ah! à la place de madame la marquise...

LA MARQUISE.

Eh bien !

MARIETTE.

Non-seulement je ferais une bonne action, mais encore je trouverais moyen de mystifier M. de Richelieu, ce serait encore une action meilleure.

LA MARQUISE.

Eh! ne voyez-vous pas que c'est à cela que je pense?

MARIETTE.

Est-ce trouvé ?

LA MARQUISE.

A peu près.

UN LAQUAIS.

Mademoiselle de Belle-Isle.

LA MARQUISE.

Elle arrive à merveille. (Au Laquais.) Faites entrer.

SCÈNE TROISIÈME.

LA MARQUISE, MARIETTE, MADEMOISELLE DE BELLE-ISLE.

MADEMOISELLE DE BELLE-ISLE.

Pardon, madame... mais je n'ai pu résister à mon impatience; car j'ai espéré que vous excuseriez cette nouvelle importunité. Avez-vous vu M. le duc de Bourbon?

LA MARQUISE.

Oui, mon enfant; mais je n'ai pas été heureuse.

MADEMOISELLE DE BELLE-ISLE.

Oh! mon Dieu! que me dites-vous, madame?

LA MARQUISE.

M. le duc est fortement prévenu...

MADEMOISELLE DE BELLE-ISLE.

Madame, je suis bien malheureuse de ne pas avoir reçu du ciel la faculté de faire passer dans votre âme la conviction qu'il a mise dans la mienne... oh! si vous saviez...

LA MARQUISE.

Eh! mon Dieu! ce n'est pas moi que vous avez besoin de convaincre... je suis toute convaincue; mais c'est M. le duc de Bourbon. Tenez, il y a un homme qui possède une grande influence sur lui, et qui, s'il voulait se charger de votre cause, la plaiderait d'une voix si puissante, que je suis sûre qu'il la gagnerait.

MADEMOISELLE DE BELLE-ISLE.

Oh! quel est cet homme? Dites-le-moi, madame, et partout où il sera, j'irai le trouver.

LA MARQUISE.

Vous n'aurez pas besoin de quitter Chantilly pour cela.

MADEMOISELLE DE BELLE-ISLE.

Il est ici?

LA MARQUISE.

Ici même... Mais au fait, j'oubliais... vous le connaissez.

MADEMOISELLE DE BELLE-ISLE.

Son nom, madame?

LA MARQUISE.

C'est M. le duc de Richelieu.

MADEMOISELLE DE BELLE-ISLE.

Je suis sauvée alors. Il a été déjà si bon pour moi à Versailles, et ici même, madame, vous vous rappelez, ce matin encore!

LA MARQUISE.

C'est vrai. Eh bien! il faut lui écrire pour lui demander un rendez-vous.

MADEMOISELLE DE BELLE-ISLE.

Oh! mais voyez si ce n'est pas un présage heureux! nous nous sommes rencontrées dans notre espérance : vous me dites qu'il faut lui écrire, je l'ai fait.

LA MARQUISE.

Et vous avez envoyé la lettre ?

MADEMOISELLE DE BELLE-ISLE.

Non, je voulais vous la montrer... vous demander si c'était une chose convenable pour moi que de solliciter un rendez-vous de M. le duc de Richelieu.

LA MARQUISE.

Comment, mais le motif est assez sacré pour vous mettre à l'abri de toute fausse interprétation.

MADEMOISELLE DE BELLE-ISLE.

C'est ce que j'ai pensé, madame.

LA MARQUISE.

D'ailleurs, ce rendez-vous, vous pouvez le demander ici... chez moi.

MADEMOISELLE DE BELLE-ISLE.

Oh! si vous le permettez...

LA MARQUISE.

Comment donc!

MADEMOISELLE DE BELLE-ISLE.

Où le trouvera-t-on ?

LA MARQUISE.

Je le ferai chercher.

MADEMOISELLE DE BELLE-ISLE.

Que vous êtes bonne!

LA MARQUISE.

Mais mieux que cela encore.

MADEMOISELLE DE BELLE-ISLE.

Quoi?

LA MARQUISE.

Comment n'y ai-je pas songé plus tôt! Vous êtes seule ici, n'est-ce pas? vous me l'avez dit, du moins.

MADEMOISELLE DE BELLE-ISLE.

Toute seule.

LA MARQUISE.

Dans un hôtel?

MADEMOISELLE DE BELLE-ISLE.

Oui.

LA MARQUISE.

Dans un hôtel, exposée à tous les inconvénients d'une pareille maison. Vous ne pouvez pas rester dans un hôtel.

MADEMOISELLE DE BELLE-ISLE.

Je ne connais personne à Chantilly, madame.

LA MARQUISE.

Oublieuse que vous êtes!... ne suis-je pas là, moi?

MADEMOISELLE DE BELLE-ISLE.

Vous!

LA MARQUISE.

Oui, moi! quand j'entreprends une affaire, c'est pour la mener à bien. Je me suis compromise, je n'en aurai pas le démenti; nous assiégerons M. le duc de Bourbon jusqu'à ce qu'il se rende... Eh bien! pour commencer, j'introduis l'ennemi dans la place... vous logerez ici.

MADEMOISELLE DE BELLE-ISLE.

Qu'ai-je donc fait pour mériter tant de bienveillance, moi qui tremblais de venir réclamer votre protection? Mais je ne puis accepter l'offre que vous me faites, madame.

LA MARQUISE.

Et pourquoi donc cela, je vous prie? Voyez un peu le dérangement que cela me cause!... Je vous cède ces deux chambres et ce cabinet de travail, et je prends l'appartement à côté : nous serons porte à porte, comme deux bonnes amies.

MADEMOISELLE DE BELLE-ISLE.

Oh! madame la marquise! mon Dieu! si vous saviez quelle joie vous versez dans mon cœur!... Je suis si sûre que, si vous voulez, toutes choses iront au mieux.

LA MARQUISE.

J'ai déjà commencé, je l'espère... et quand nous serons l'une à côté de l'autre, nous aurons bien mauvaise chance si nous ne réparons pas les malheurs passés, et si nous ne parons pas aux malheurs à venir!... Mais l'important en pareille affaire est de ne point perdre de temps. Allez donc à votre hôtel, et faites transporter ici tout ce qui vous appartient. (Elle sonne, Mariette paraît.) Demandez s'il y a une voiture attelée. (A mademoiselle de Belle-Isle.) Je vais envoyer votre billet au duc.

MARIETTE.

Oui, madame la marquise.

LA MARQUISE.

Conduisez-y mademoiselle et restez à ses ordres.

MADEMOISELLE DE BELLE-ISLE.

Je ne sais comment vous remercier.

Elle veut baiser la main de la Marquise.

LA MARQUISE.

Que faites-vous donc? (Elle l'embrasse au front.) Vous me retrouverez ici, adieu.

Mademoiselle de Belle-Isle sort, suivie du domestique.

SCÈNE QUATRIÈME.

LA MARQUISE, MARIETTE.

LA MARQUISE ouvre le billet et lit.

Vraiment, je ne connais rien de plus imprudent que la reconnaissance; il n'y a que deux mots à changer à cette lettre pour que M. le duc de Richelieu, grâce à la bonne opinion qu'il a de lui-même, y voie percer un autre sentiment. Vous ne connaissez pas mon écriture, monsieur le duc; cela tombe à merveille, car nous allons peut-être avoir, sous le couvert de mademoiselle de Belle-Isle, une assez longue correspondance. Mariette!

MARIETTE.

Madame la marquise?

LA MARQUISE.

Restez ici, et si M. le duc vient, vous le prierez d'avoir patience, dans cinq minutes je suis à lui.

Elle entre dans le cabinet.

MARIETTE.

Certainement, madame la marquise. Si j'attendrai M. le duc de Richelieu... je crois bien, il y a toujours quelque chose à gagner à l'attendre.

SCÈNE CINQUIÈME.

MARIETTE, LE DUC.

LE DUC, à la porte.

Eh bien! la marquise?

MARIETTE.

Pardon, monsieur le duc, elle est là et va revenir.

LE DUC.

Ah! ah! c'est toi, Mariette?

MARIETTE.

Oui, monsieur le duc.

LE DUC.

Mais, je crois, Dieu me pardonne, que je ne t'ai jamais rien donné, mon enfant?

MARIETTE.

J'en demande excuse à monsieur le duc: il m'a donné

vingt-cinq louis la première fois qu'il a passé par la porte secrète.

LE DUC.

Voilà tout?

MARIETTE.

Et puis cette bague, la dernière fois qu'il est sorti par la même porte.

LE DUC.

Cette bague! un pauvre diamant qui vaut à peine cent pistoles! Mais je me suis conduit en véritable croquant, ma chère... Tiens, mon enfant, tiens.

<small>Il lui donne sa bourse en lui passant le bras autour du cou.</small>

MARIETTE.

Ah! monsieur le duc, merci.

SCÈNE SIXIÈME.

LE DUC, MARIETTE, LA MARQUISE.

LA MARQUISE.

Eh bien, duc! que faites-vous donc à cette fille?

LE DUC.

Je prends congé d'elle, madame la marquise, et je lui paie ses gages.

LA MARQUISE.

Allez, mademoiselle. (<small>Mariette sort.</small>) Il paraît que les choses vont à votre gré, monsieur le duc?

LE DUC.

Qui vous fait croire cela?

LA MARQUISE.

C'est que l'on n'est pas si généreux lorsque l'on est de mauvaise humeur.

LE DUC.

Le fait est que je ne suis pas mécontent.

LA MARQUISE.

Eh bien, duc! je vais encore augmenter vos espérances.

LE DUC.

Et comment cela?

LA MARQUISE.

Mademoiselle de Belle-Isle sort d'ici.

LE DUC.

Vraiment!

LA MARQUISE.

Elle vous cherchait.

LE DUC.

Bah!

LA MARQUISE.

Et ne vous trouvant pas...

LE DUC.

Eh bien!

LA MARQUISE.

Elle a laissé...

LE DUC.

Quoi?

LA MARQUISE.

Ceci.

LE DUC.

Une lettre?

LA MARQUISE.

Une lettre.

LE DUC.

Pour moi?

LA MARQUISE.

Pour vous.

LE DUC.

Que me veut-elle?

LA MARQUISE.

Elle désire un rendez-vous.

LE DUC.

Pardieu! cela tombe à merveille, j'allais lui en demander un.

LA MARQUISE.

Vous le voyez, la fortune vient au-devant de vous.

LE DUC.

Et qui me vaut cette grâce?

LA MARQUISE.

Votre mérite, d'abord ; ensuite on lui a dit que vous aviez grande influence sur le duc de Bourbon, et elle vient vous prier de vouloir bien l'employer en sa faveur.

LE DUC.

Comment donc ! mais je suis à ses ordres; j'en ai, au reste, déjà touché deux mots.

ACTE II, SCÈNE VII.

LA MARQUISE.

Et comment avez-vous trouvé le duc?

LE DUC.

Assez mal disposé.

LA MARQUISE.

Oh! vous savez, avec de la persistance, on obtient tout de lui : le duc d'Orléans donnait, le duc de Bourbon laisse prendre.

LE DUC.

A propos, il m'a demandé?

LA MARQUISE.

Non, pas encore; mais cela ne peut tarder, attendez-le ici.

LE DUC.

Vous me quittez?

LA MARQUISE.

J'ai quelques ordres à donner pour un déménagement, je cède cette chambre à une amie.

LE DUC.

Faites, marquise.

LA MARQUISE.

Au revoir, duc.

SCÈNE SEPTIÈME.

LE DUC, seul.

Voyons ce que me dit mademoiselle de Belle-Isle.

(Lisant.) « Monsieur le duc serait-il assez bon pour ac-
« corder, le plus tôt possible, à mademoiselle de Belle-
« Isle, la faveur d'un moment d'entretien ? » Mais la
faveur sera pour moi, ma toute belle. Ces provinciales
ont des mots d'une naïveté charmante ! « Mademoiselle
« de Belle-Isle espère ne pas s'être trompée en comp-
« tant sur sa protection, en échange de laquelle elle
« lui promet une reconnaissance sans bornes. » C'est
marché fait, ma belle solliciteuse ; vous aurez ma protection et j'aurai votre reconnaissance. C'est égal, ce
billet n'est pas tremblé, pour une ingénue. Voyons, au
reste... il y a quelque chose, dans la manière dont la
marquise me sert, qui ne me paraît pas de bon aloi. Ne
nous laissons pas jouer comme un enfant. La lettre m'a
été remise par madame de Prie, assurons-nous qu'elle
nous vient de mademoiselle de Belle-Isle. La voici.

SCÈNE HUITIÈME.

LE DUC, MADEMOISELLE DE BELLE-ISLE.

MADEMOISELLE DE BELLE-ISLE.

Monsieur le duc de Richelieu !

LE DUC.

Mais je crois qu'elle tremble, Dieu me damne !

MADEMOISELLE DE BELLE-ISLE.

Pardon, monsieur le duc, mais, je l'avoue, je ne
puis me défendre d'une certaine émotion à votre aspect.

ACTE II, SCÈNE VIII.

LE DUC.

Et de quelle manière dois-je l'interpréter, mademoiselle?

MADEMOISELLE DE BELLE-ISLE.

D'une manière bien simple, mon Dieu! c'est que je ne puis vous voir sans me dire que vous êtes peut-être l'homme destiné à mettre fin à tous mes malheurs. Est-ce le hasard seulement qui vous a ramené pour moi de Vienne, où vous résidiez depuis deux ans, afin que je vous rencontre à Versailles, puis à Chantilly? Les affligés sont superstitieux, monsieur le duc, et je sais que vous ne vous défendez pas vous-même de croire aux pressentiments.

LE DUC.

Aux pressentiments, mademoiselle? mais je serais trop ingrat si je n'y croyais point, surtout depuis trois jours. Oui, oh! oui, je crois comme vous aux pressentiments, et je serai bien malheureux si les miens me trompent.

MADEMOISELLE DE BELLE-ISLE.

Madame la marquise a eu la bonté de vous remettre un billet?

LE DUC.

Qu'elle m'a dit être de vous. Je dois beaucoup à madame de Prie, car, sans doute, c'est elle qui vous a suggéré l'idée de vous adresser à moi?

MADEMOISELLE DE BELLE-ISLE.

Non, monsieur le duc, je veux être franche : j'y avais pensé avant qu'elle ne m'en parlât; prenez-vous-en à vous-même de mon importunité; mais j'ai songé que vous ne voudriez pas si tôt me ravir les espérances conçues. Monsieur le duc, on vous dit tout-puissant; ce que je sollicite, vous le savez, c'est la liberté d'un père et de deux frères. Le bonheur de toute une famille est entre vos mains.

LE DUC.

Il ne tiendra pas à moi que votre double dévouement, mademoiselle, n'obtienne la récompense qu'il mérite; mais ce que vous sollicitez dépend d'une volonté plus haute que la mienne... je ne puis être que l'intermédiaire entre la beauté et la puissance. Veuillez me donner un placet; écrivez-le comme vous parlez, avec votre âme, et aujourd'hui même je le remettrai au duc de Bourbon!

UN LAQUAIS, entrant.

Les dépêches que monsieur le duc de Richelieu attendait sont prêtes.

LE DUC.

Vous le voyez, il faut que je vous quitte un instant. Mille pardons, mademoiselle; voici tout ce qu'il faut pour écrire. Dans quelques minutes je reviens.

MADEMOISELLE DE BELLE-ISLE.

Comment vous remercierai-je jamais?

LE DUC.

En me donnant une place parmi vos amis.

MADEMOISELLE DE BELLE-ISLE.

Oh! monsieur le duc!

LE DUC.

Écrivez. (En sortant.) De cette manière je saurai bien si le billet est d'elle.

SCÈNE NEUVIÈME.

MADEMOISELLE DE BELLE-ISLE, puis LA MARQUISE.

MADEMOISELLE DE BELLE-ISLE, écrivant.

Mon Dieu! que me disait-on de la cour! que je n'y trouverais que des êtres envieux et méchants! (Elle s'interrompt pour continuer d'écrire.) Je ne me suis encore adressée qu'à deux personnes, et l'une est devenue pour moi une amie, et l'autre un frère.

LA MARQUISE, entrant, et venant s'appuyer sur le fauteuil.

Que faites-vous donc, ma chère?

MADEMOISELLE DE BELLE-ISLE.

Ah! c'est vous! vous le voyez, j'adresse un placet à M. le premier ministre.

LA MARQUISE.

Qui vous a dit d'employer ce moyen?

MADEMOISELLE DE BELLE-ISLE.

M. de Richelieu.

LA MARQUISE.

Et vous envoyez ce placet directement?

MADEMOISELLE DE BELLE-ISLE.

Non; il se charge de le remettre.

LA MARQUISE.

Et quand cela?

MADEMOISELLE DE BELLE-ISLE.

Tout à l'heure il va revenir le chercher.

LA MARQUISE, à part.

Il se doute de quelque chose. (Haut.) Voyons donc comment vous vous y prenez. Oh! mais ce n'est pas comme cela, ma chère : il y a des formules d'usage que vous négligez.

MADEMOISELLE DE BELLE-ISLE.

Seriez-vous assez bonne pour me les indiquer?

LA MARQUISE.

Je ferai mieux. Cédez-moi votre place, je vais vous l'écrire, moi.

MADEMOISELLE DE BELLE-ISLE.

Oh! vraiment! mais ne craignez-vous pas que M. le duc de Bourbon ne reconnaisse que c'est vous-même?...

LA MARQUISE.

Croyez-vous que cela nuise à votre cause? Voyons, donnez-moi votre placet, regardez si le duc de Richelieu ne vient pas. Il est inutile qu'il sache, lui, que je vous rends ce petit service.

MADEMOISELLE DE BELLE-ISLE, ouvrant la porte latérale.

Je ne vois personne.

LA MARQUISE.

Bien. Les noms de votre père?

MADEMOISELLE DE BELLE-ISLE.

Charles-Louis-Auguste Fouquet de Belle-Isle.

LA MARQUISE.

Ses titres ?

MADEMOISELLE DE BELLE-ISLE.

Duc de Gisors, marquis de Belle-Isle-en-Mer, comte des Andelys et de Vernon.

LA MARQUISE.

Et vos deux frères, quels grades occupent-ils ?

MADEMOISELLE DE BELLE-ISLE.

L'un est capitaine, l'autre est lieutenant des armées du roi.

LA MARQUISE.

Et ils sont en prison ?...

MADEMOISELLE DE BELLE-ISLE.

Mon père depuis trois ans, mes frères depuis quinze mois.

LA MARQUISE.

C'est bien. Nous rendrons la liberté à tous ces pauvres prisonniers, allez.

MADEMOISELLE DE BELLE-ISLE.

Oh ! madame la marquise, puissiez-vous dire vrai !

LA MARQUISE.

Voilà qui est fait, tenez, et selon toutes les règles de l'étiquette.

MARIETTE, à la porte de la chambre à coucher.

Quand mademoiselle voudra prendre possession de sa chambre, elle est entièrement disposée.

LA MARQUISE.

Tout à l'heure : mademoiselle attend quelqu'un, ne vous éloignez pas.

MARIETTE.

Je serai là; si madame la marquise a besoin de moi, elle n'a qu'à sonner.

LA MARQUISE.

C'est bien, laissez-nous.

SCÈNE DIXIÈME.

Les mêmes, LE DUC.

LE DUC, sur la porte, regardant les deux femmes.

Ensemble!

LA MARQUISE.

Le duc!

Elle ouvre un livre.

LE DUC.

Désolé de vous avoir fait attendre, mademoiselle.

MADEMOISELLE DE BELLE-ISLE.

Ne vous excusez pas, monsieur le duc; cette pétition est à peine finie, et si vous voulez bien vous en charger...

ACTE II, SCÈNE X.

LE DUC.

Certainement.

MADEMOISELLE DE BELLE-ISLE.

La voilà.

LE DUC, l'ouvrant.

La même écriture; le billet était d'elle. (Haut.) Vous voudrez bien, mademoiselle, m'accorder la faveur d'aller vous donner aujourd'hui même des nouvelles des tentatives que j'aurai faites.

MADEMOISELLE DE BELLE-ISLE.

Demandez à madame la marquise, monsieur le duc, c'est d'elle que dépend la permission.

LE DUC.

Comment cela?

MADEMOISELLE DE BELLE-ISLE.

Madame la marquise a la bonté de me loger au château pendant tout le temps que je resterai à Chantilly.

LE DUC.

Ah! ah!

MADEMOISELLE DE BELLE-ISLE.

Elle se prive de son appartement pour moi.

LE DUC.

Vraiment? alors cette amie que vous attendez, marquise...

LA MARQUISE.

C'était mademoiselle, monsieur le duc : vous comprenez, il n'était ni convenable, ni même prudent, que mademoiselle de Belle-Isle, seule et isolée comme elle l'est, demeurât dans un hôtel.

LE DUC.

Non, sans doute; et vous avez raison, marquise, et c'est très-bien fait à vous; mais cela ne changera rien, j'espère, à nos arrangements, et vous ne me refuserez pas, marquise, la permission de rendre compte à mademoiselle de mes démarches.

LA MARQUISE.

Comment donc! elle est chez elle, et peut vous recevoir à sa volonté.

LE DUC.

Alors c'est de vous que j'implore cette grâce.

MADEMOISELLE DE BELLE-ISLE.

Venez quand vous voudrez, monsieur le duc, vous serez toujours attendu comme un ami et reçu comme un sauveur.

LE DUC.

Peut-être ne verrai-je M. de Bourbon qu'un peu tard.

MADEMOISELLE DE BELLE-ISLE.

J'ai depuis trois ans veillé si souvent dans la crainte et dans les larmes, qu'il me sera doux de veiller aujourd'hui dans l'espérance et dans la joie.

LE DUC.

Ainsi donc, à ce soir, mademoiselle.

MADEMOISELLE DE BELLE-ISLE.

A ce soir, monsieur le duc.

LE DUC.

Les choses que j'aurai à vous répéter sont peut-être de celles que l'on ne peut dire devant témoins.

MADEMOISELLE DE BELLE-ISLE.

Je tâcherai que nous soyons seuls, monsieur le duc.

LE DUC.

Vous êtes charmante.

Mademoiselle de Belle-Isle rentre chez elle.

SCÈNE ONZIÈME.

LE DUC, LA MARQUISE.

LE DUC, allant s'appuyer sur le dossier de la chaise de la Marquise.

Ah! ah! voilà comme vous tenez votre parole, marquise?

LA MARQUISE.

Et en quoi donc y ai-je manqué, duc?

LE DUC.

Vous promettez de me servir dans mes projets, et vous contre-minez ma première combinaison.

LA MARQUISE.

Une combinaison fondée sur la vénalité d'un maître d'auberge, fi donc! c'était trop facile, et devenait indigne de vous... Ici, à la bonne heure; il n'y aura ni surprise, ni trahison! il faudra obtenir; car il n'y aura pas moyen de prendre. Au reste, je ne doute pas que vous n'obteniez.

LE DUC.

Mais ni moi non plus, marquise, s'il faut vous le dire; et je vous remercie de m'avoir donné cette occasion d'avoir recours à mes anciennes ressources; je m'étais rouillé chez mes bons Allemands.

LA MARQUISE.

Vous ne perdez donc pas l'espoir de réussir, quoique je sois passée à l'ennemi?

LE DUC.

Non, si toutefois vous voulez combattre comme je le fais moi-même, loyalement.

LA MARQUISE.

Et qu'exigez-vous de ma loyauté?

LE DUC.

Le secret le plus profond, d'abord.

LA MARQUISE.

C'est déjà promis.

LE DUC.

A dix heures vous quitterez mademoiselle de Belle-Isle.

LA MARQUISE.

Je m'y engage.

LE DUC.

Enfin, de dix heures à minuit, mademoiselle de Belle-Isle demeurera seule.

ACTE II, SCÈNE XI.

LA MARQUISE.

Précisément je pars pour Paris ce soir, je précède le duc au lieu de l'accompagner.

LE DUC.

Eh bien, c'est tout ce que je demande, moi.

LA MARQUISE.

A mon tour.

LE DUC.

C'est trop juste.

LA MARQUISE.

Vous ne mettrez aucun valet du château dans la confidence de vos projets.

LE DUC.

Aucun.

LA MARQUISE.

Vous n'emploierez ni philtre ni breuvage, comme vous l'avez fait plus d'une fois, duc.

LE DUC.

Je renonce à ce moyen.

LA MARQUISE.

Enfin, vous me remettrez la clef de cette porte secrète.

LE DUC.

Je ne demanderais pas mieux, marquise ; mais, dans mon empressement à suivre mademoiselle de Belle-Isle, je l'ai oubliée à Paris.

LA MARQUISE.

Ah!

LE DUC.

C'est comme je vous le dis.

LA MARQUISE.

Votre parole d'honneur?

LE DUC.

Foi de Richelieu.

LA MARQUISE.

Vous êtes adorable d'impertinence, mon cher duc.

LE DUC.

Madame la marquise me gâte.

LA MARQUISE.

Vous permettez que je dise un mot à Mariette?

LE DUC.

Vous permettez que je donne un ordre à Germain?

LA MARQUISE, à la porte de droite.

Mariette!

LE DUC, à la porte de gauche.

Germain!

LA MARQUISE, à Mariette.

Faites préparer ma voiture de voyage... celle qui n'a point d'armoiries... et qu'elle attende tout attelée à la petite porte du parc.

MARIETTE.

Bien, madame la marquise.

(Elle rentre.)

LE DUC, à Germain.

Crève mes deux meilleurs chevaux, et que j'aie avant dix heures du soir une petite clef que tu trouveras à Paris, sur la cheminée de ma chambre à coucher, dans une coupe d'améthyste.

GERMAIN.

Cela sera fait, monsieur le duc.

Il rentre.

LA MARQUISE.

Vous persistez dans votre projet ?

LE DUC.

On a gagné des batailles plus désespérées.

LA MARQUISE.

Et contre de meilleurs généraux, n'est-ce pas ?

LE DUC.

Je ne dis point cela ; car j'ai affaire, cette fois, à la jeunesse réunie à... l'expérience.

LA MARQUISE.

A ce soir, mon cher duc.

LE DUC, lui baisant la main.

A ce soir, ma chère marquise.

SCÈNE DOUZIÈME.

LA MARQUISE, seule.

Oui, monsieur le duc... mais vous perdrez celle-ci,

je vous en réponds... Ah! vous êtes parti si vite de Paris, que vous avez oublié la clef qu'aux autres voyages vous aviez si grand soin de prendre!... fat!... Eh bien! faute de cette clef, vous passerez la nuit dans la rue, monsieur le duc; nous sommes au mois de juin, le temps est beau, et cela ne peut pas faire de mal à votre chère santé, qui nous est si précieuse à tous.

SCÈNE TREIZIÈME.

LA MARQUISE, MADEMOISELLE DE BELLE-ISLE.

LA MARQUISE.

Ah! venez, ma toute belle!

MADEMOISELLE DE BELLE-ISLE.

Auriez-vous quelque chose de nouveau à me dire, madame?

LA MARQUISE.

Peut-être... Tout à l'heure, en causant avec le duc, je pensais à vous, à la longueur des démarches qu'il vous faudrait faire.

MADEMOISELLE DE BELLE-ISLE.

Oh! j'aurai du courage pour tout, même pour l'attente.

LA MARQUISE.

Pauvre chère! quelle résignation!... Et il y a bien longtemps que vous n'avez vu votre père?

ACTE II, SCÈNE XIII.

MADEMOISELLE DE BELLE-ISLE.

Il y a trois ans, madame... pas depuis son entrée en prison.

LA MARQUISE.

Trois ans !... et vous n'avez pas sollicité un laissez-passer pour la Bastille?

MADEMOISELLE DE BELLE-ISLE.

Oh! madame, j'ai prié, supplié... et jamais on n'a voulu m'accorder cette grâce... Comprenez-vous ?... refuser à une fille la faveur d'embrasser son père!... Sans doute que ceux à qui je me suis adressée n'avaient point d'enfants!

LA MARQUISE.

Et vous seriez heureuse de revoir M. de Belle-Isle ?

MADEMOISELLE DE BELLE-ISLE.

Vous le demandez?

LA MARQUISE.

Bien heureuse?

MADEMOISELLE DE BELLE-ISLE.

Ah!...

LA MARQUISE.

La personne qui vous procurerait ce bonheur pourrait compter sur votre discrétion?

MADEMOISELLE DE BELLE-ISLE.

Que me dites-vous là, et quelle espérance me donnez-vous, madame?... Moi... moi... je pourrais revoir mon père !... entrer tout à coup dans sa prison... au moment où il me croirait loin de lui, je pourrais me jeter dans ses bras, en criant : Mon père, c'est moi !... mon père, me voilà !... Oh ! madame, pardon... Tenez, tenez, je vous le demande à genoux... que faut-il faire pour obtenir une pareille grâce ?

LA MARQUISE, la relevant..

Ecoutez.

MADEMOISELLE DE BELLE-ISLE.

Ah ! oui, oui, j'écoute.

LA MARQUISE.

Faites attention que nous jouons ici avec des positions et des existences.

MADEMOISELLE DE BELLE-ISLE.

Oui, madame, je sais que tout est grave et sérieux ; ne craignez donc rien.

LA MARQUISE.

Le gouverneur de la Bastille est de mes amis, je puis vous donner une lettre pour lui.

MADEMOISELLE DE BELLE-ISLE.

Une lettre pour lui, madame ! et avec cette lettre...

LA MARQUISE.

Vous verrez votre père. Il vous faut deux heures et demie à peine pour aller à Paris : vous partirez à dix heures, vous arriverez à minuit et quelque chose ; vous resterez jusqu'à trois heures avec le comte de Belle-Isle, et vous serez revenue ici avant que personne ne soit levé encore.

MADEMOISELLE DE BELLE-ISLE.

Comment ! ce serait pour aujourd'hui, madame ! ce serait pour ce soir ! je verrais cette nuit mon père, que je n'ai pas vu depuis trois ans ! Oh ! mais, ayez pitié de moi, car c'est à me rendre folle de bonheur !

LA MARQUISE.

Tout cela cependant à une condition que vous comprenez.

MADEMOISELLE DE BELLE-ISLE.

Dites, dites.

LA MARQUISE.

Songez à ce que je fais ! je prends sur moi d'ouvrir devant vous une prison d'Etat qui ne s'ouvre qu'à la voix du premier ministre ou devant la signature du roi !

MADEMOISELLE DE BELLE-ISLE.

Oui, je comprends et je vous en remercie !

LA MARQUISE.

Ce que je fais pour vous, songez-y, je ne l'ai jamais fait pour personne. M. de Bourbon l'ignore. Jaloux de son autorité comme il l'est, il ne me pardonnerait pas de m'y être soustraite ; M. de Belle-Isle est au secret le plus absolu ; sa liberté, sa vie dépendent de votre fidélité à garder votre serment ; une indiscrétion, et M. de Belle-Isle est perdu !

MADEMOISELLE DE BELLE-ISLE.

Grand Dieu !

LA MARQUISE.

Oui ; rappelez-vous Fouquet : il pourrait arriver du fils comme du père ! Jurez-moi donc que, tant que M. de Bourbon sera ministre, vous ne direz à personne que vous avez vu votre père. Pour tout le monde, vous aurez passé la nuit au château; songez-y bien avant de vous engager.

MADEMOISELLE DE BELLE-ISLE.

Madame, par ce qu'il y a de plus sacré au monde, sur la vie de mon père, je vous jure que, tant que M. le Duc sera ministre, personne ne saura que j'ai revu mon père, et que, pour le revoir, j'ai quitté le château cette nuit.

LA MARQUISE.

Eh bien! voilà qui est dit. Vous n'avez pas de temps à perdre : vous prendrez une de mes voitures, des chevaux de poste, et vous serez de retour ici à six heures du matin par la petite porte du parc.

MADEMOISELLE DE BELLE-ISLE.

Oh! madame, qu'ai-je donc fait pour tant de bontés?

LA MARQUISE.

Rien. Je vous aime, voilà tout. De la discrétion.

MADEMOISELLE DE BELLE-ISLE.

Oh! soyez tranquille!

LA MARQUISE.

Tenez-vous prête dans un instant.

MADEMOISELLE DE BELLE-ISLE.

Tout de suite.

LA MARQUISE.

Il me faut le temps de tout préparer.

MADEMOISELLE DE BELLE-ISLE.

Pardon!

La Marquise sort.

SCÈNE QUATORZIÈME.

MADEMOISELLE DE BELLE-ISLE, puis LE CHEVALIER D'AUBIGNY.

MADEMOISELLE DE BELLE-ISLE.

Oh! revoir mon père, mon Dieu! quel bonheur! Oh mais c'est un ange pour moi que la marquise!

UN LAQUAIS, annonçant.

M. le chevalier d'Aubigny.

MADEMOISELLE DE BELLE-ISLE.

D'Aubigny! et pour la première fois de ma vie, avoir un secret qui ne soit pas à nous deux! Faites entrer. (Le chevalier entre, elle va à lui, lui tend la main.) Bonjour, Raoul.

D'AUBIGNY.

Qu'avez-vous, Gabrielle? vous paraissez bien joyeuse!

MADEMOISELLE DE BELLE-ISLE.

Ce que j'ai... j'ai le cœur plein d'espoir, Raoul; car, depuis que je suis arrivée, tout semble me réussir et marcher au-devant de moi. Ah! nous sauverons mon père, nous sauverons mes frères, et nous serons doublement heureux; heureux de notre amour, heureux de leur bonheur. Remerciez Dieu par votre joie, au lieu de l'irriter par vos doutes. Quant à moi, je ne puis vous en dire davantage, mais je prie, je crois et j'espère.

D'AUBIGNY.

Oh! mon Dieu! comment se fait-il que, lorsque vous êtes si confiante et si heureuse, je sois si froid et si triste, moi? Vous voyez tout à travers l'espérance; moi, je vois tout à travers la crainte! Je ne sais pourquoi, mais je suis faible comme un enfant. Vous parlez de toutes ces choses qui viennent au-devant de vous et qui vous rassurent; elles m'effrayent, moi. Vous les croyez mues par une puissance supérieure et bienfaisante, je tremble qu'elles ne tiennent à un pouvoir humain et fatal! C'est peut-être une folie, Gabrielle, mais c'est une folie qui fait bien mal et qui mérite qu'on la plaigne à l'égal d'un malheur réel.

MADEMOISELLE DE BELLE-ISLE.

Ah! vous êtes ingrat envers la Providence, Raoul, dans ce moment-ci surtout.

D'AUBIGNY.

Eh! qu'a-t-elle donc fait pour vous? dites-moi cela, Gabrielle; voyons, je ne demande pas mieux que d'être rassuré : sur qui comptez-vous pour des jours meilleurs?

MADEMOISELLE DE BELLE-ISLE.

Sur madame de Prie, d'abord! qui a été si bonne et si charmante pour moi, qu'elle me traite en amie et presque en sœur... Vous le voyez, elle n'a pas même voulu permettre que je continue d'habiter un hôtel : quelles précautions plus grandes aurait prises une mère pour sa fille?

ACTE II, SCÈNE XIV.

D'AUBIGNY.

Eh bien! que voulez-vous? les impressions, comme je vous le disais, dépendent sans doute du moment où on les reçoit; il n'y a pas jusqu'à la bonté de madame de Prie qui ne m'inquiète. Vous ne lui avez point parlé de notre mariage, Gabrielle?

MADEMOISELLE DE BELLE-ISLE.

N'est-ce point un secret?

D'AUBIGNY.

Eh bien, gardez-le, surtout ici... J'ai tout lieu de croire que, si la marquise l'apprenait, cela pourrait changer peut-être ses dispositions à votre égard; mais, dites-moi, n'avez-vous vu que la marquise, aujourd'hui?

MADEMOISELLE DE BELLE-ISLE.

Oh! si fait, Raoul. J'ai vu une autre personne, sur laquelle je compte encore plus que sur la marquise; car elle n'a pas les mêmes craintes de se compromettre.

D'AUBIGNY.

Puis-je vous demander son nom?

MADEMOISELLE DE BELLE-ISLE.

Sans doute; car son nom n'est point un secret!

D'AUBIGNY.

Enfin?

MADEMOISELLE DE BELLE-ISLE.

C'est M. le duc de Richelieu.

D'AUBIGNY.

Le duc de Richelieu!

MADEMOISELLE DE BELLE-ISLE.

Qu'avez-vous?

D'AUBIGNY.

Le duc de Richelieu! Vous l'avez donc vu aujourd'hui?

MADEMOISELLE DE BELLE-ISLE.

Il n'a presque pas quitté le château.

D'AUBIGNY.

Qu'y faisait-il?

MADEMOISELLE DE BELLE-ISLE.

Il a travaillé une partie de la journée avec M. le Duc.

D'AUBIGNY.

Et vous devez le revoir encore?

MADEMOISELLE DE BELLE-ISLE.

Il m'avait dit qu'il me rendrait compte peut-être d'une démarche qu'il devait tenter.

D'AUBIGNY.

Gabrielle!

MADEMOISELLE DE BELLE-ISLE.

Mon Dieu! vous m'effrayez.

D'AUBIGNY.

Connaissez-vous cet homme, auquel vous vous êtes adressée?

MADEMOISELLE DE BELLE-ISLE.

Je le connais comme tout le monde le connaît; qui ne connaît pas M. de Richelieu?

ACTE II, SCÈNE XIV.

D'AUBIGNY.

Et le connaissant, vous pouvez espérer que la protection qu'il vous accorde est désintéressée?

MADEMOISELLE DE BELLE-ISLE.

Raoul! Peut-être ai-je tort; mais, je l'avouerai, je ne sais pas voir ainsi le mal à travers le bien. M. de Richelieu ne s'est offert jusqu'à présent à moi que comme un ami; s'il se présente sous un autre aspect, vous avez bien, je le présume, assez de confiance en moi pour croire que, si puissante que soit l'influence du duc, j'y renoncerai dès que sa protection pourra compromettre un honneur qui n'est plus à moi seule, et un nom que je vais échanger contre le vôtre.

D'AUBIGNY.

Oh! c'est que, dans votre innocence, vous ignorez ce que c'est que cet homme, Gabrielle... Les âmes les plus pures se sont ternies au souffle de son amour; il n'y a pas une réputation à laquelle il ait touché sans y laisser une tache... Une fois sa résolution prise, aucun moyen ne lui coûte pour arriver au but qu'il s'est proposé; et quelques-uns des moyens qu'il a employés eussent peut-être coûté cher à des hommes moins puissants que lui. Tenez, Gabrielle, vous voyez ce que je souffre; eh bien! ayez pitié de moi.

MADEMOISELLE DE BELLE-ISLE.

Que faut-il que je fasse, Raoul?... Tout ce que vous demanderez, je suis prête, dites.

D'AUBIGNY.

Promettez-moi de ne pas recevoir M. le duc de Richelieu ce soir.

MADEMOISELLE DE BELLE-ISLE.

Je vous le promets.

D'AUBIGNY.

De ne pas le voir autre part qu'ici.

MADEMOISELLE DE BELLE-ISLE.

Je vous le promets encore.

D'AUBIGNY.

Je compte sur votre parole, Gabrielle.

MADEMOISELLE DE BELLE-ISLE.

Et vous avez raison.

D'AUBIGNY.

C'est que, si vous y manquiez, vous ne savez pas ce qu'il en résulterait de malheurs pour nous deux.

MADEMOISELLE DE BELLE-ISLE.

Comment cela ?

D'AUBIGNY.

Je ne puis vous le dire; mais enfin vous m'avez promis, vous me promettez encore de ne pas voir le duc de Richelieu ce soir, n'est-ce pas ?

MADEMOISELLE DE BELLE-ISLE.

Je vous l'ai promis, je vous le promets encore; êtes-vous plus tranquille maintenant?

D'AUBIGNY.

Oui.

MADEMOISELLE DE BELLE-ISLE.

Eh bien! alors, Raoul, laissez-moi.

ACTE II, SCÈNE XIV.

D'AUBIGNY.

Déjà?

MADEMOISELLE DE BELLE-ISLE.

Il est tard.

D'AUBIGNY.

Dix heures à peine.

MADEMOISELLE DE BELLE-ISLE.

J'ai des lettres à écrire... je suis fatiguée... puis, pour moi, est-il convenable que vous restiez plus longtemps?

D'AUBIGNY.

Vous deviez bien recevoir M. le duc de Richelieu, s'il était venu.

MADEMOISELLE DE BELLE-ISLE.

M. le duc de Richelieu est un étranger : je n'aime pas M. de Richelieu, et je vous aime, vous, Raoul.

D'AUBIGNY.

Vous m'aimez, et vous m'éloignez ainsi, lorsque sans inconvénient vous pourriez me donner une heure encore!

MADEMOISELLE DE BELLE-ISLE.

Une heure! Ah! impossible, Raoul... Ecoutez, Raoul, je vous en prie.

D'AUBIGNY.

Vous me priez pour que je m'en aille! mais, mon Dieu, que se passe-t-il donc?

MADEMOISELLE DE BELLE-ISLE.

Il ne se passe rien; que voulez-vous qu'il se passe?

Est-ce donc une chose si étrange, qu'après une nuit de voyage et une journée de fatigue, je désire prendre quelque repos? Seriez-vous jaloux, Raoul? mais de quoi? Je ne vous ai jamais vu ainsi... Tenez... voilà dix heures qui sonnent.

D'AUBIGNY.

Je me retire, mademoiselle.

MADEMOISELLE DE BELLE-ISLE.

Mademoiselle! Ah! vous êtes cruel, savez-vous? Vous me voyez heureuse, et, comme vous n'êtes point habitué à me voir ainsi, ma joie vous inquiète, et vous voulez me rendre à ma tristesse accoutumée... Oh! mais, c'est bien facile, allez... il ne faudra qu'un mot de vous pour cela; il ne faudra qu'une inflexion de voix, dans laquelle percera le doute ou la douleur... Tenez, Raoul... eh bien!... me voilà aussi triste que vous le vouliez; êtes-vous content?

D'AUBIGNY.

Pardon, Gabrielle, pardon! mais je vous aime tant, que je ne puis croire à mon bonheur; il me semble que tout nous est ennemi, que tout cherche à nous désunir... Pardon... je me retire... j'ai tort.

MADEMOISELLE DE BELLE-ISLE.

Au revoir, Raoul.

D'AUBIGNY.

A quelle heure pourrai-je me présenter demain?

MADEMOISELLE DE BELLE-ISLE.

Aussi matin que vous voudrez. A huit heures, par exemple.

D'AUBIGNY.

Adieu, adieu! Vous ne recevrez pas le duc?

MADEMOISELLE DE BELLE-ISLE.

Mais soyez donc tranquille!...

D'AUBIGNY.

Adieu!

Il sort.

SCÈNE QUINZIÈME.

MADEMOISELLE DE BELLE-ISLE, puis LA MARQUISE.

MADEMOISELLE DE BELLE-ISLE.

Il est parti... qu'il m'en coûtait de le renvoyer ainsi, sans pouvoir lui dire ce qui me rend si heureuse! (Allant à la porte à gauche du spectateur.) Madame la marquise, madame la marquise!

LA MARQUISE.

Me voici.

MADEMOISELLE DE BELLE-ISLE.

Eh bien?

LA MARQUISE.

Voilà la lettre.

MADEMOISELLE DE BELLE-ISLE.

La voiture?

LA MARQUISE.

Est prête.

MADEMOISELLE DE BELLE-ISLE.

Les chevaux?

LA MARQUISE.

Attelés.

MADEMOISELLE DE BELLE-ISLE.

Par où faut-il que je passe?

LA MARQUISE.

Suivez Mariette.

MADEMOISELLE DE BELLE-ISLE.

Ah! madame! madame! comment reconnaîtrai-je jamais...?

LA MARQUISE.

Par le secret le plus absolu.

MADEMOISELLE DE BELLE-ISLE.

Pouvez-vous en douter?

LA MARQUISE.

Si j'en doutais, je ne ferais pas pour vous ce que je fais en ce moment.

MADEMOISELLE DE BELLE-ISLE.

Adieu, madame.

LA MARQUISE.

Adieu.

Mademoiselle de Belle-Isle sort.

SCÈNE SEIZIÈME.

LA MARQUISE, seule, puis LE LAQUAIS.

LA MARQUISE.

La voilà partie enfin!... Dix heures un quart... Il était temps... Je suis sûre que M. de Richelieu doit déjà

ACTE II, SCÈNE XVI.

être en campagne... Fortifions-nous... (Elle sonne; le Laquais paraît.) Fermez les contrevents de cette fenêtre (A part.) L'admirable chose que de combiner à la fois une bonne action et une vengeance!... (Au Laquais.) Vous ne voyez personne dans la rue?

LE LAQUAIS.

Il me semble que j'aperçois un homme enveloppé dans un manteau!

LA MARQUISE.

Un manteau au mois de juin!... Ce doit être lui... (Au Laquais.) Fermez.

LE LAQUAIS.

Madame la marquise a-t-elle d'autres ordres à me donner?

LA MARQUISE.

Mademoiselle de Belle-Isle est très-peureuse : vous veillerez dans l'antichambre jusqu'au jour, et vous n'ouvrirez à personne.

LE LAQUAIS.

Madame la marquise sera obéie.

Il sort.

LA MARQUISE.

Bien!... pour plus de sûreté, barricadons la porte... Il y a bien encore les cheminées, mais elles sont grillées.

LE LAQUAIS, à travers la porte.

Voici M. le duc de Richelieu qui monte le grand escalier.

LA MARQUISE.

Nous n'y sommes pas plus pour lui que pour les autres. (Ecoutant.) C'est bien!... Oui, on dort... A merveille! le voilà qui se retire !... Nous ne tarderons pas à entendre quelque chose à cette fenêtre... Monsieur le duc, je vous ai tenu parole... Je n'ai rien dit... j'ai quitté mademoiselle de Belle-Isle à dix heures.... et mademoiselle de Belle-Isle sera seule de dix heures à minuit.... C'est à vous de courir après elle et de la rejoindre sur la grande route... Eh! mais... est-ce que je n'entends pas dans le petit escalier... si fait; je ne me trompe pas... c'est lui; il avait la clef...

Elle souffle les bougies.

LE DUC.

Quand on vous refuse une porte, il faut bien passer par l'autre.

LA MARQUISE, à part.

Si j'appelle, il fera scandale... M. le duc de Bourbon saura tout, et je suis perdue alors... Il n'y a qu'un moyen pour qu'il ne fasse pas de bruit, lui... c'est de n'en pas faire, moi.

LE DUC.

Ma foi, Germain est un homme précieux !... vingt lieues en deux heures un quart !... Deux chevaux crevés... pour une clef !... Nuit close, à merveille !... Heureusement qu'à tout hasard j'ai écrit la lettre d'avance... J'ai vu en venant contre la muraille, juste au-dessous de cette fenêtre, un individu enveloppé dans son manteau : ce doit être mon homme. (La pendule sonne.) Dix heures et demie; il est à son poste, et moi au mien... Remplissons les conditions arrêtées. (Il va à la fenêtre et l'ouvre sans bruit.) Dites donc, monsieur ! monsieur !.... l'homme au manteau !... dites donc, par ici, s'il vous plaît... là, bien... Si vous connaissez, par hasard, le chevalier d'Aubigny, ayez la bonté de lui faire remettre ce billet de la part de M. le duc de Richelieu.... Là!... (Il jette le billet par la fenêtre et referme les volets.) J'ai rencontré la voiture de la marquise... Mademoiselle de Belle-Isle est maintenant seule ici!... Allons!...

ACTE TROISIÈME.

Même décoration.

SCÈNE PREMIÈRE.

D'AUBIGNY, UN LAQUAIS.

LE LAQUAIS.

Mais, monsieur le chevalier, il n'est que sept heures du matin, et personne n'est levé encore.

D'AUBIGNY.

N'importe, j'entre toujours ; il faut que je parle à mademoiselle de Belle-Isle aussitôt qu'elle sera réveillée. (Le Laquais sort.) Y serait-il encore ? je suis resté jusqu'au jour à l'attendre, et je ne l'ai pas vu sortir. J'en suis à me demander si je ne fais pas un rêve terrible !... Mais non, tout est bien réel... Voilà la chambre où je l'ai quittée hier, la fenêtre par laquelle il a jeté le billet, la rue où je suis resté... Oh ! mon Dieu, mon Dieu ! je n'y puis croire encore... Gabrielle me tromper! et d'une manière aussi infâme!... oh! impossible!

SCÈNE DEUXIÈME.

D'AUBIGNY, MADEMOISELLE DE BELLE-ISLE.

MADEMOISELLE DE BELLE-ISLE.

C'est vous, Raoul! j'ai entendu votre voix et je suis venue.

D'AUBIGNY.

Déjà levée!

MADEMOISELLE DE BELLE-ISLE.

N'aviez-vous pas dit que vous seriez ici de bonne heure?

D'AUBIGNY.

Oui, j'en conviens; mais comment, ayant si grande hâte de m'éloigner hier soir, êtes-vous si pressée de me revoir ce matin?

MADEMOISELLE DE BELLE-ISLE.

Vous y pensez encore, Raoul?

D'AUBIGNY.

Oui; que voulez-vous? on n'est point maître de ses pensées : ce souvenir m'est revenu dans la nuit et m'a étrangement tourmenté.

MADEMOISELLE DE BELLE-ISLE.

Tourmenté! et de quoi?

D'AUBIGNY.

Mais, de cette fatigue si grande qu'elle vous faisait désirer que je me retirasse...

MADEMOISELLE DE BELLE-ISLE.

Vous me répondez ce matin d'une étrange manière... on dirait que vous êtes inquiet, préoccupé. De quoi? qu'avez-vous? voyons!

D'AUBIGNY.

Moi, rien! Je ne vous ferai pas le même reproche : vous avez un air de bonheur et de joie... Avez-vous encore de nouveaux motifs d'espoir?

MADEMOISELLE DE BELLE-ISLE.

Oui, j'ai fait un beau rêve : j'ai rêvé qu'un bon génie m'emportait sur ses ailes et m'ouvrait les portes de la Bastille. Je revoyais mon père, il me pressait sur son cœur, il me couvrait de baisers; il me parlait de vous, Raoul, de notre mariage retardé si longtemps, et il se consolait de sa captivité en pensant que j'allais avoir en vous un ami et un soutien. Oh! c'est un rêve merveilleux, comme vous voyez, et qui, tout éveillée que je suis, me laisse un souvenir plein d'espérance.

D'AUBIGNY.

Eh bien! moi aussi, Gabrielle, j'ai fait un rêve.

MADEMOISELLE DE BELLE-ISLE.

Vous, Raoul?

ACTE III, SCÈNE II.

D'AUBIGNY.

Oui, moi... mais moins heureux que le vôtre.

MADEMOISELLE DE BELLE-ISLE.

Et c'est ce rêve qui vous rend triste?

D'AUBIGNY.

Oui; car j'ai rêvé qu'hier en me quittant, et malgré la promesse que vous m'aviez faite, vous aviez reçu M. le duc de Richelieu.

MADEMOISELLE DE BELLE-ISLE.

Que voulez-vous dire?

D'AUBIGNY.

Rien; vous m'avez raconté votre rêve, je vous raconte le mien, voilà tout.

MADEMOISELLE DE BELLE-ISLE.

Et après?

D'AUBIGNY.

Moi, dans mon rêve toujours, j'étais dans la rue, en face de cette fenêtre, lorsque cette fenêtre s'ouvrit; un homme alors parut sur le balcon et me jeta un billet, et, chose étrange, qui fait que mon rêve m'a laissé une impression de réalité plus grande encore que le vôtre peut-être, c'est que ce billet... ce billet, Gabrielle, je l'ai retrouvé en me réveillant... et le voilà...

MADEMOISELLE DE BELLE-ISLE.

Le voilà!

D'AUBIGNY.

Oui, lisez.

MADEMOISELLE DE BELLE-ISLE, lisant.

« Il est onze heures du soir, je suis dans l'apparte-
« ment de mademoiselle de Belle-Isle, je vous dirai de-
« main à quelle heure j'en suis sorti. Duc de Riche-
« lieu. »

Qu'est-ce que cela veut dire ?

D'AUBIGNY.

Cela veut dire, mademoiselle, que M. le duc de Richelieu a proposé hier matin, en vous voyant passer, un
pari infâme, et qu'il l'a gagné.

MADEMOISELLE DE BELLE-ISLE.

Je ne vous comprends pas.

D'AUBIGNY.

Eh bien! je vais me faire comprendre : M. de Richelieu, que vous aviez promis de ne pas recevoir, M. de
Richelieu, vous l'avez reçu; il est venu hier après
que j'ai été parti. M. de Richelieu était avec vous
dans cette chambre; M. de Richelieu a ouvert cette fenêtre, et par cette fenêtre il a jeté ce billet. Comprenez-
vous, maintenant ?

MADEMOISELLE DE BELLE-ISLE.

Que me dites-vous-là ?

D'AUBIGNY.

Ce que vous savez aussi bien que moi sans doute!
Seulement, ce que vous ignorez, c'est que j'étais prévenu de tout; c'est que j'étais là, devant cette fenêtre,
moi; c'est que j'y suis resté jusqu'au jour, attendant

qu'il sortît ; car votre honneur m'est encore assez cher pour que je ne permette pas qu'un pareil secret reste à la fois connu de deux hommes... Ah ! voilà donc pourquoi vous étiez si troublée hier ! voilà pourquoi vous étiez pressée que je partisse ! voilà pourquoi vous aviez besoin d'être seule ! Seule ! Ah ! voyez-vous, j'ai rôdé toute la nuit autour du château, car si j'avais pu trouver une porte ouverte, si j'avais pu arriver jusqu'ici ! savez-vous, Gabrielle, que je vous aurais tués tous les deux ? oui, tous les deux !... lui comme vous, vous comme lui, quand je vous eusse vue à mes pieds, à genoux et les mains jointes !

MADEMOISELLE DE BELLE-ISLE.

Mais il faut que vous soyez insensé pour me dire de pareilles choses. Moi, j'ai reçu M. le duc de Richelieu après votre départ ! M. de Richelieu a passé la nuit ici ! Ah ça ! mais, êtes-vous le chevalier d'Aubigny ? suis-je mademoiselle de Belle-Isle ? est-ce vous qui me parlez ainsi, à moi, à moi votre fiancée ? à moi qui dans trois jours dois porter votre nom ? Mais c'est affreux cela, Raoul !

D'AUBIGNY.

Aussi j'ai eu peine à le croire ! allez, il m'a fallu le témoignage de mes yeux !... et encore, oui, Gabrielle, oui, j'avais une telle confiance en vous, que si mes yeux n'avaient fait que voir, j'aurais dit que mes yeux se trompaient, et j'aurais douté, je crois... mais ce billet, Gabrielle, comment me l'expliquerez-vous ?

MADEMOISELLE DE BELLE-ISLE.

Que voulez-vous que je vous réponde ? je ne me

l'explique pas à moi-même! quelqu'un ne peut-il pas être entré ici à mon insu?

D'AUBIGNY.

Sans que vous l'entendiez, un homme est entré ici? par où? qui lui a ouvert? les portes sont bien gardées; tout à l'heure on ne voulait pas me laisser passer, moi! Oh! Gabrielle, Gabrielle! voilà ce qui est arrivé, voyez-vous, et je vais vous le dire, moi! La fille vous a fait oublier l'amante, Gabrielle! vous avez vu devant vous deux hommes dont l'un pouvait rendre la liberté à votre père, et dont l'autre ne pouvait que mourir sur un mot de vous; celui qui pouvait le plus a mis sa protection à ce prix!

MADEMOISELLE DE BELLE-ISLE.

Monsieur...

D'AUBIGNY.

Je ne dis pas que vous soyez coupable, Gabrielle, je dis que vous n'avez pas osé refuser au duc le rendez-vous qu'il vous a demandé; je dis que vous l'aurez reçu ici, n'est-ce pas, et que, dans un moment où vous l'aurez quitté, il aura écrit ce billet, et l'aura jeté par la fenêtre... voilà ce que je dis, Gabrielle... Eh bien! avouez-moi cela, et je vous pardonne!

MADEMOISELLE DE BELLE-ISLE.

Merci, Raoul; car je vois que vous m'aimez tant, que vous cherchez à vous tromper vous-même; mais je n'accepte pas le moyen que vous m'offrez! Après la promesse que je vous avais faite, si j'avais reçu M. le duc de Richelieu, je serais impardonnable; mais il ne m'a pas demandé de rendez-vous ; mais je ne lui en ai pas donné, mais je ne l'ai pas vu ; et j'ai un moyen bien simple de vous prouver tout cela.

D'AUBIGNY.

Lequel ?

MADEMOISELLE DE BELLE-ISLE.

Ce billet est du duc, dites-vous ?

D'AUBIGNY.

Il me l'a jeté lui-même par la fenêtre.

MADEMOISELLE DE BELLE-ISLE.

Je vais faire prier M. le duc de Richelieu de passer ici. Vous vous cacherez là. Je le recevrai dans cette chambre. Vous entendrez notre conversation sans en perdre une syllabe ; et si M. de Richelieu m'a vue depuis hier huit heures du soir, je vous permets de croire tout ce que vous voudrez, Raoul.

D'AUBIGNY.

Oh ! je n'aurais pas osé vous demander cela, Gabrielle ; mais vous me l'offrez... j'accepte... Il y a dans tout ceci quelque mystère d'infamie que je ne puis comprendre !

MADEMOISELLE DE BELLE-ISLE.

Eh bien ! ce mystère s'éclaircira. Soyez tranquille... seulement, Raoul, pas un mouvement, pas un mot qui puisse faire soupçonner que vous êtes là !

D'AUBIGNY.

Sur l'honneur.

MADEMOISELLE DE BELLE-ISLE.

Fou que vous êtes!...

D'AUBIGNY.

Oh ! vous n'aurez pas de peine à me convaincre, allez ! Non, il n'est pas possible, avec ce charme dans la voix, avec cette pureté dans les yeux, non, il n'est pas possible que vous me trompiez, et je vous crois déjà.

MADEMOISELLE DE BELLE-ISLE.

N'importe : vous me croirez mieux encore quand j'aurai envoyé chercher le duc, n'est-ce pas ?

LE LAQUAIS.

M. le duc de Richelieu.

MADEMOISELLE DE BELLE-ISLE.

C'est le ciel qui l'envoie. Dans un instant. (A Raoul.) Entrez dans cette chambre, Raoul, et rappelez-vous votre promesse !

D'AUBIGNY.

Votre main, Gabrielle.

MADEMOISELLE DE BELLE-ISLE.

Vous mériteriez...

D'AUBIGNY.

Votre main.

Elle la lui donne, il la baise, et entre dans le cabinet.

SCENE TROISIEME.

MADEMOISELLE DE BELLE-ISLE, LE DUC.

MADEMOISELLE DE BELLE-ISLE.

Vous arrivez à merveille, monsieur ; entrez, je vous prie.

LE DUC.

Salut à ma toute charmante, chez laquelle je me présentais ce matin presque sans espérance de la trouver visible, et qui veut bien cependant me recevoir à cette heure.

MADEMOISELLE DE BELLE-ISLE.

J'allais vous envoyer chercher, monsieur.

LE DUC, voulant baiser la main de mademoiselle de Belle-Isle.

Ah ! mais voilà qui me comble !

MADEMOISELLE DE BELLE-ISLE.

Monsieur le duc !...

LE DUC.

Eh bien !...

MADEMOISELLE DE BELLE-ISLE.

Pardon... mais j'ai une explication grave et sérieuse à vous demander, une explication qui touche mon honneur !

LE DUC.

Votre honneur! et qui oserait y porter atteinte, mademoiselle? Parlez! je suis là si on l'attaque... Parlez donc... je vous écoute.

MADEMOISELLE DE BELLE-ISLE.

Il s'agit d'un pari que vous auriez fait, monsieur le duc.

LE DUC.

Eh! mon Dieu, oui, mademoiselle; il faut bien que je l'avoue; oui, mais je vous aimais, mademoiselle, avant de faire ce pari. Du moment où je vous avais aperçue, j'avais senti que mon cœur n'était plus à moi; je vous avais suivie de Paris à Versailles, et de Versailles à Chantilly!... J'étais venu ici pour vous... pour vous seule, je vous le jure... On m'a proposé un pari... deux autres fous comme moi... vous n'en étiez pas l'objet, votre nom n'avait pas été prononcé dans ce pari; il devait porter sur la première personne qui passerait!... Vous avez passé... mon honneur était engagé; le hasard a fait que mon amour s'est trouvé de moitié avec mon honneur... Voilà la vérité, mademoiselle, la vérité tout entière. Si j'ai commis une faute, elle est involontaire, et j'espère que vous me la pardonnerez!

MADEMOISELLE DE BELLE-ISLE.

Oui, certes, monsieur le duc, je vous pardonnerai cette faute, quoiqu'il soit étrangement cruel, convenez-en, lorsqu'on a perdu dignités, rang, fortune, lorsqu'il ne reste plus de tout cela qu'une réputation sans tache; convenez, dis-je qu'il est cruel de voir cette réputation, qui devrait être respectée à l'égal d'une chose sainte, passer comme un jouet aux mains de courtisans désœuvrés, qui, ne pouvant la briser, tentent au moins de la ternir. Eh bien! monsieur le duc... oui... en faveur de tout ce que vous avez fait pour moi, quoique maintenant je connaisse la véritable source de cette bienveillance et de cette bonté que je croyais désintéressée et pure, oui, je vous pardonnerai ce pari; mais à une condition cependant! vous m'expliquerez comment ce billet a été jeté hier soir par cette fenêtre, entre dix et onze heures du soir... Voyez, monsieur, lisez...

LE DUC.

C'est inutile... Je connais ce billet.

MADEMOISELLE DE BELLE-ISLE.

Comment vous le connaissez?

LE DUC.

N'est-il pas de mon écriture? D'ailleurs, je voudrais nier, que la signature est là.

MADEMOISELLE DE BELLE-ISLE.

Vous avez écrit ce billet?

LE DUC.

Je l'avoue.

MADEMOISELLE DE BELLE-ISLE.

Et vous l'avez jeté par cette fenêtre?

LE DUC.

Par cette fenêtre.

MADEMOISELLE DE BELLE-ISLE.

Et à qui?

LE DUC.

Le sais-je, moi? à celui qui l'attendait, sans doute.

MADEMOISELLE DE BELLE-ISLE.

Vous étiez ici, dans cette chambre?

LE DUC.

Certainement.

MADEMOISELLE DE BELLE-ISLE.

Mais vous y étiez sans moi?

LE DUC.

Comment! sans vous?

MADEMOISELLE DE BELLE-ISLE.

Vous y étiez avec moi?

LE DUC.

Mais, sans doute.

MADEMOISELLE DE BELLE-ISLE.

Avec moi!

LE DUC.

Avec vous.

MADEMOISELLE DE BELLE-ISLE.

Vous mentez, monsieur le duc.

LE DUC.

Je mens! moi?

MADEMOISELLE DE BELLE-ISLE.

Oui, vous ; et impudemment encore !

LE DUC.

Pardon, mademoiselle ; mais, lorsqu'une femme parle ainsi à un homme, il ne peut répondre qu'en se retirant.

MADEMOISELLE DE BELLE-ISLE, l'arrêtant.

Oh ! non ! non ! vous ne sortirez pas ainsi !... Parce que vous vous appelez Richelieu, parce que vous êtes deux fois duc et deux fois pair, il ne vous sera pas permis, monsieur, pour gagner un misérable pari où vous croyez votre honneur engagé, il ne vous sera pas permis de calomnier une femme, et, quand cette femme a tout perdu, excepté l'amour d'un homme qu'elle aime, de lui faire, par cette calomnie, perdre l'amour de cet homme ! Oh ! j'en appellerai à votre nom, à votre dignité, à votre honneur, qui fait fausse route, et qui peut se perdre, monsieur le duc ; et vous direz la vérité... oui, la vérité, oui, et cela, ici, devant moi ! devant moi que vous avez offensée... et cette vérité... vous hésiterez d'autant moins à la dire, que je ne suis qu'une femme, et qu'on ne pourra pas supposer que c'est la crainte qui vous fait revenir sur ce que vous aviez avancé !

LE DUC.

Eh ! mon Dieu ! oui. J'ai eu tort ; j'aurais dû avoir l'air de perdre. Voyons ! voulez-vous que j'écrive au chevalier ? Je lui dirai que j'ai trouvé cette porte fermée, par exemple, et que par conséquent, cette lettre que j'ai jetée d'ici par la fenêtre ne signifie rien ! Voulez-vous enfin que je lui avoue que j'ai perdu ? Tout ce que vous voudrez, je suis prêt à le faire ! A Dieu ne plaise que manque, par ma folle vanité, un mariage auquel tient, dites-vous, votre bonheur ! je sacrifierai le mien ! c'est bien le moins que je vous doive !...

MADEMOISELLE DE BELLE-ISLE.

Monsieur le duc, il y a quelque chose d'infernal dans ce que vous me dites !... C'est vrai ! Mais je ne pensais pas que la perversité pût aller si loin ! Non ! monsieur, non ! non ! ce n'est pas une lettre que je demande ! non ! c'est un aveu que j'exige ! un aveu ici, un aveu à l'instant même... un aveu que tout ce que vous avez dit jusqu'ici est faux ! que vous l'avez dit au mépris de la vérité, à l'oubli de votre nom ! à la honte de votre honneur !... Je veux que vous disiez que vous m'avez calomniée, monsieur ! oui, lâchement calomniée... je ne mesure pas les mots, je les dis comme mon indignation me les inspire... Oui, vous avouerez tout cela... Et je ne réponds pas que je ne vous mépriserai plus ! Mais je vous promets que je vous pardonnerai !

LE DUC à demi-voix.

Je comprends : que ne me disiez-vous par un signe que quelqu'un nous écoutait, que quelqu'un était caché ?

MADEMOISELLE DE BELLE-ISLE, à haute voix.

Personne n'est caché, monsieur ! personne ne nous écoute... il n'y a ici que moi... répondez donc à moi !

LE DUC.

Eh bien ! s'il n'y a ici que vous... si je ne dois répondre qu'à vous, je vous dirai alors que je croyais connaître les femmes, et que j'étais un grand sot; que chaque jour elles m'apprennent quelque chose de nouveau, à moi, qui, chaque jour, crois n'avoir plus rien à apprendre, et qu'à vous, particulièrement, était réservé l'honneur de me donner la leçon la plus complète que j'aie jamais reçue !

MADEMOISELLE DE BELLE-ISLE.

Assez, monsieur le duc ; sortez.

LE DUC.

J'obéis, mademoiselle ; mais je n'ai pas perdu tout espoir ; je me présenterai ce soir, à la même heure qu'hier, et peut-être serai-je mieux reçu que ce matin.

Il salue, et sort.

MADEMOISELLE DE BELLE-ISLE.

Oh ! oh ! mon Dieu ! mon Dieu !

SCÈNE QUATRIÈME.

MADEMOISELLE DE BELLE-ISLE, D'AUBIGNY.

D'AUBIGNY, ouvrant la porte du cabinet.

Eh bien ?...

MADEMOISELLE DE BELLE-ISLE.

Oh !

D'AUBIGNY.

J'ai fait ce que vous m'aviez dit de faire. Je me suis

caché, j'ai écouté ; j'ai entendu, et malgré tout cela, j'ai tenu parole en ne paraissant pas... Êtes-vous contente ?

MADEMOISELLE DE BELLE-ISLE l'arrêtant.

Raoul !

Il traverse la scène pour sortir.

D'AUBIGNY.

Oh ! laissez-moi !

MADEMOISELLE DE BELLE-ISLE.

Raoul !... écoutez !... Oui, vous aviez raison de craindre hier ; oui, vos pressentiments étaient fondés ; oui, il y a une fatalité contre nous... contre nous... car elle vous atteint aussi bien que moi, Raoul. Mais vous ne me quitterez pas de cette manière. Il y a dans tout ceci quelque chose d'infâme, une machination dont je suis victime... et qui vient je ne sais d'où... une haine invisible enfin, qui m'enveloppe et qui m'étouffe... Raoul, il est impossible que ma voix soit devenue tout-à-coup sans puissance sur vous !... Raoul, il est impossible que vous soyez convaincu que j'ai oublié en une heure les principes de toute une vie ; Raoul, il est impossible que d'hier à aujourd'hui, je sois devenue une infâme... Oh ! mais... si l'on venait me dire, à moi, que vous avez commis une lâcheté ou un crime... fui dans un combat ou assassiné quelqu'un, quelle que fût la personne qui me dît cette chose !... non, je vous le jure, Raoul, je ne la croirais pas !...

D'AUBIGNY.

Mais enfin, le duc... le duc est entré d'abord ici, madame !

ACTE III, SCÈNE IV.

MADEMOISELLE DE BELLE-ISLE.

Je ne le nie point.

D'AUBIGNY.

De ce boudoir il est passé dans cette chambre.

MADEMOISELLE DE BELLE-ISLE.

Cela se peut!

D'AUBIGNY.

Ah! vous l'avouez donc, enfin!

MADEMOISELLE DE BELLE-ISLE.

Oui, je l'avoue... mais vous ne savez pas... vous ne pouvez pas savoir...

D'AUBIGNY.

Alors, vous n'étiez donc pas dans cette chambre, vous avez donc passé la nuit dans un autre appartetement?

MADEMOISELLE DE BELLE-ISLE.

Raoul! j'ai fait un serment terrible; Raoul, je ne puis rien vous dire, j'ai juré!

D'AUBIGNY.

Mais n'y a-t-il pas quelqu'un, enfin, qui, par pitié pour vous et pour moi, puisse vous relever de votre serment?

MADEMOISELLE DE BELLE-ISLE.

Oui, vous avez raison, et c'est une inspiration du ciel; oui, lorsqu'elle verra de quelle infamie je suis accusée, elle permettra que je vous dise tout, et vous verrez alors, vous verrez. (Elle sonne. Mariette paraît.) Madame la marquise de Prie, madame la marquise, où est-elle ? dites-lui que j'ai besoin de la voir à l'instant même, que je la supplie de venir... Allez.

MARIETTE.

Madame la marquise est partie pour Paris ce matin avec M. le duc de Bourbon, et ne sera de retour ici que ce soir.

MADEMOISELLE DE BELLE-ISLE.

Oh ! mais c'est une fatalité atroce... Raoul, attendez à ce soir... ce soir vous saurez tout. (Il fait un mouvement pour sortir; elle l'arrête). Raoul... vous ne vous en allez pas... Raoul, je vous jure...

D'AUBIGNY.

Oui, vous avez raison, c'est une fatalité. Hier, à midi, vous quittez l'hôtel pour habiter le château, hier soir je viens, et, pour la première fois, ma présence vous gêne, et vous désirez que je vous quitte; je vous fais jurer que vous ne verrez pas le duc, derrière moi il entre ; il y a une heure, vous niez qu'il soit venu, et maintenant vous avouez qu'il est possible qu'il soit resté jusqu'à trois heures du matin dans cette chambre... vous n'étiez pas, dites-vous, dans cet appartement, et vous ne pouvez pas me dire où vous étiez; un serment vous lie, vous avez juré : c'est un engagement sacré, quoiqu'inattendu; mais une personne peut vous relever de ce serment, une seule ! cette personne n'est plus à Chantilly. Vous avez raison, c'est une fatalité étrange, si étrange vraiment, que c'est à n'y pas croire, et que je n'y crois pas!

MADEMOISELLE DE BELLE-ISLE.

Que voulez-vous que je vous dise, Raoul? oui, oui, toutes les preuves sont contre moi : oui, il s'agirait de ma tête, que ma tête tomberait comme tombera peut-être mon honneur! Mais ma tête serait prête à tomber, que je ne manquerais pas au serment que j'ai fait. Agissez donc selon votre conviction, Raoul, je ne vous retiens plus.

Elle tombe sur un fauteuil.

D'AUBIGNY, faisant un mouvement pour sortir, puis revenant.

Écoutez, Gabrielle, je sais que cet homme a, pour arriver à son but, quel qu'il soit, des moyens mystérieux et inconnus. Eh bien, avouez que cet homme vous a donné quelque philtre, quelque boisson narcotique, quelque breuvage empoisonné et maudit! Avouez qu'il est entré ici pendant que vous dormiez, et que vous ne vous êtes réveillée que trop tard... avouez cela, et cela ne m'ôtera rien de mon amour, cela ne changera rien à notre avenir; je le tuerai, et voilà tout! Tenez, avouez-moi cela, Gabrielle, je l'aime mieux, car alors je comprendrai tout... Mais ne venez pas me parler d'absence impossible, de serment auquel je ne crois pas!... Vous le voyez bien, mon Dieu, je ne demande pas mieux que de vous aimer toujours, moi! je vous ouvre un moyen facile... eh bien! si vous m'avez trompé, si vous êtes coupable, employez-le! Oui, il a usé de ruse ou de force, n'est-ce pas? c'est un homme infâme, et je ne dois m'en prendre qu'à lui, et ne me venger que de lui! Oh! mais, dites-moi donc quelque chose que je puisse croire, quelque chose qui ait l'apparence d'une vérité, si vous ne voulez pas que je meure fou, en vous maudissant, en maudissant Dieu!

Tenez, au nom du ciel, tenez, à genoux, Gabrielle ! Voyez, voyez, c'est moi qui vous prie.. j'attends... parlez, j'écoute !...

MADEMOISELLE DE BELLE-ISLE.

Je ne puis rien vous dire que ce qui est, Raoul. Je n'ai pas vu M. le duc de Richelieu depuis hier à huit heures du soir.

D'AUBIGNY.

Oh ! ceci est trop fort, madame, et je sais ce qui me reste à faire.

MADEMOISELLE DE BELLE-ISLE.

Je vous supplie...

D'AUBIGNY.

Oh ! laissez-moi, madame, laissez-moi !

MADEMOISELLE DE BELLE-ISLE.

Raoul ! Raoul ! oh !

D'AUBIGNY.

Une dernière fois, voulez-vous m'avouer la vérité ?

MADEMOISELLE DE BELLE-ISLE.

Je ne puis rien vous dire.

D'AUBIGNY.

Que le ciel vous pardonne alors ! Mais ce que je sais bien, moi, c'est que je ne vous pardonnerai pas.

Il s'élance dehors.

MADEMOISELLE DE BELLE-ISLE, tombant à genoux.

Mon Dieu ! mon Dieu ! ayez pitié de moi !

ACTE QUATRIÈME.

SCÈNE PREMIÈRE.

D'AUMONT, D'AUVRAY, CHAMILLAC, et quelques autres SEIGNEURS à une table de Pharaon, placée à droite du spectateur ; deux autres jeunes SEIGNEURS jouant aux dés à une table à gauche ; LA MARQUISE, RICHELIEU, se promenant.

LE DUC.

C'est à n'y rien comprendre, ma parole d'honneur ! elle m'a soutenu qu'elle ne savait pas ce que je voulais dire, avec un aplomb miraculeux.

LA MARQUISE.

Mais enfin, comment êtes-vous entré dans le boudoir ?

LE DUC.

Eh ! par la porte secrète, donc !

LA MARQUISE.

Vous m'avez donné votre parole d'honneur que vous n'en aviez pas la clef.

LE DUC.

C'était vrai ; mais je l'ai envoyé chercher.

LA MARQUISE.

A Paris ?

LE DUC.

A Paris.

LA MARQUISE.

En deux heures ? mais c'est fabuleux !

LE DUC.

En deux heures quatorze minutes ; Germain m'a crevé mes deux meilleurs chevaux, Turenne et Romulus ; j'en suis pour mille louis.

LA MARQUISE.

Vous êtes le gentilhomme le plus magnifique que je connaisse.

LE DUC.

Eh bien ! marquise, voulez-vous que je vous avoue une chose ?

LA MARQUISE.

Avouez.

LE DUC.

Eh bien ! parole d'honneur, je ne les regrette pas !

LA MARQUISE.

Ah ! duc, voilà un mot dont je me souviendrai toute ma vie. Eh bien, maintenant, à mon tour, je vais vous dire une chose.

LE DUC.

Attendez donc, je n'ai pas fini.

ACTE IV, SCÈNE I.

LA MARQUISE.

Achevez, c'est trop juste.

LE DUC.

Vous perdiez le plus beau de l'histoire.

LA MARQUISE.

Il est difficile cependant qu'elle soit plus complète que cela.

LE DUC.

Si fait, elle est plus complète; car celui contre lequel j'ai parié...

LA MARQUISE.

Eh bien?...

LE DUC.

Eh bien!... c'est le chevalier d'Aubigny?

LA MARQUISE.

Le chevalier d'Aubigny?

LE DUC.

Attendez donc encore!...

LA MARQUISE.

Mais c'est une histoire des Mille et une Nuits que vous me racontez là?

LE DUC.

Lequel chevalier d'Aubigny devait épouser dans trois jours mademoiselle Gabrielle de Belle-Isle.

LA MARQUISE.

Ah! vraiment?

LE DUC.

Foi de gentilhomme!

LA MARQUISE.

Quand je vous disais que ces Belle-Isle étaient mes ennemis!

LE DUC.

Maintenant, marquise, voyez combien il était indigne à vous de chercher à me faire perdre mon pari, moi qui n'avais qu'un but dans tout cela, celui de venger une amie.

LA MARQUISE.

Ainsi, elle allait épouser le chevalier?

LE DUC.

Eh! mon Dieu, oui : voyez un peu comme cela se rencontre! Cependant il paraît que le mariage était assez éloigné encore : le jeune homme manquait de patrimoine, et, pour comble de malheur, n'occupait qu'un grade secondaire; de sorte que, comme le comte de Belle-Isle, tout prisonnier qu'il était, exigeait que son gendre fût quelque chose de mieux qu'anspessade ou cornette, il est possible que les deux jeunes gens eussent encore soupiré longtemps en vain l'un pour l'autre; mais voilà qu'un jour, c'est comme je vous le dis, marquise, sans que personne sache ni comment ni pourquoi, le jeune homme reçoit son brevet de lieutenant aux gardes de Sa Majesté. Dès lors, vous comprenez, marquise, plus d'empêchement, pas même celui de la distance : car, au moment où la fiancée débarquait à Versailles, le fiancé prenait terre à Chantilly; aussi la chose allait marcher tout seule, et probablement qu'un de ces soirs votre aumônier allait les marier secrètement dans la chapelle du château, si je ne m'étais pas jeté à la traverse ; ce que je regrette, ma parole d'honneur ! en voyant le peu de gré que vous me savez de ce que je fais pour vous, marquise. Maintenant, à votre tour, parlez, n'aviez-vous point quelque chose à me dire ?

LA MARQUISE.

Oui ; mais je ne vous dirai rien.

LE DUC.

Et pourquoi, je vous prie ?

LA MARQUISE.

Parce que maintenant tout est bien comme cela est, et qu'il serait dommage d'y rien changer. Au reste, qu'a dit le chevalier de tout cela ?

LE DUC.

Il y a toute apparence qu'il a pris la chose au tragique.

LA MARQUISE.

Vraiment ?...

LE DUC.

Oui : il s'est présenté trois fois chez moi dans la journée, laissant son nom chaque fois, avec l'heure à laquelle il était venu. Malheureusement j'étais à la chasse, où j'ai fourbu un troisième cheval ; mais vous comprenez qu'à mon retour, et aussitôt que j'ai eu connaissance de la peine que le chevalier avait prise, j'ai voulu lui rendre sa politesse, et, de mon côté, je suis passé chez lui... Mais il était dit que nous ne nous rencontrerions pas.

On m'a répondu qu'il était dehors... je me suis inscrit, et j'attends. Et vous, marquise, quelles nouvelles rapportez-vous de Paris?

LA MARQUISE.

Aucune. Je n'ai fait qu'y toucher barre et je suis revenue. Le duc est arrivé juste à temps pour mettre le roi en carrosse, et Sa Majesté, plus aimable envers lui que d'habitude encore, lui a recommandé de ne pas se faire attendre au souper, parce qu'après le souper il l'avait désigné pour être de son jeu. C'est une faveur plus décidée que jamais.

LE DUC.

Prenez garde à notre évêque; s'il y a une tempête, elle viendra de son côté. Quant à moi, la dernière fois que je l'ai vu, il m'a fait si bonne mine que j'en ai peur.

LA MARQUISE.

Bah! vous le calomniez, duc. C'est un brave homme qui n'aspire qu'à la retraite et qui dédaigne les grandeurs... Avez-vous oublié qu'à la mort du régent il a lui-même présenté M. le Duc au roi?

LE DUC.

Hum! parce qu'il a pensé que s'il se présentait lui-même, la transition paraîtrait un peu brusque.

LA MARQUISE.

Vous vous trompez; et la preuve, c'est qu'à la moindre lutte, M. de Fréjus abandonne la partie et se retire.

LE DUC.

Oui; mais deux fois il s'est assuré, par cet expédient,

que son royal écolier ne pouvait supporter son absence. Il n'aime que la retraite, dites-vous? il déteste les grandeurs, n'est-ce pas?... Eh bien! vous le verrez un jour premier ministre et cardinal... Pas vrai, d'Aumont?

D'AUMONT.

Mon cher, j'ai un jeu atroce.

LE DUC.

Bah! tu connais le proverbe, duc : malheureux au jeu, heureux en amour.

D'AUMONT.

Eh bien! moi, je ne sais pas comment cela se fait, je perds de tous les côtés.

LA MARQUISE.

Vous prenez mal votre moment pour vous plaindre, duc. Je venais justement vous inviter à figurer avec moi dans le troisième quadrille.

D'AUMONT.

Vous me rejetez bien loin, marquise.

LA MARQUISE.

Je suis engagée pour les deux premiers. M. d'Auvray, donnez donc vos cartes au duc, j'ai quelque chose à vous dire.

D'AUVRAY.

Auriez-vous cette complaisance, monsieur le duc?

LE DUC.

Volontiers. Quand vous reviendrez, chevalier, vous

retrouverez d'Aumont battu et content. As-tu ponté, duc ?

D'AUMONT.

Oui.

LE DUC.

Eh bien ! donne les cartes, alors.

D'Aumont donne les cartes.

D'AUVRAY, se promenant avec la Marquise.

Parlez, madame la marquise, je vous écoute.

LA MARQUISE.

Tout à l'heure ; il ne faut pas que ces messieurs nous entendent.

D'AUVRAY.

Diable ! une confidence...

LA MARQUISE.

Ah ! voilà déjà votre amour-propre parti au galop. Il ne s'agit pas de ce que vous croyez ; il s'agit de toute autre chose, au contraire. Si vous voyez arriver le chevalier d'Aubigny, vous savez, ce jeune lieutenant, entré tout nouvellement dans les gardes du roi, ne le perdez pas de vue. Je crois qu'il doit y avoir quelque chose comme un duel entre lui et le duc de Richelieu.

D'AUVRAY.

Ce diable de Richelieu, c'est à n'y pas tenir, ma parole d'honneur ! il me donne plus de besogne à lui seul que toute la noblesse de France ! Et à propos de quoi, ce duel ?

LA MARQUISE.

Je ne sais ; mais quelle qu'en soit la cause, il est de

votre devoir, comme lieutenant de nos seigneurs les maréchaux de France, de l'empêcher, chevalier. Maintenant, vous voilà prévenu. C'est à vous de vous tenir sur vos gardes, monsieur le greffier du point d'honneur. Reconduisez-moi dans la salle de bal à présent ; c'est tout ce que j'avais à vous dire.

LE DUC, ramassant l'argent de d'Aumont.

Tenez, d'Auvray, voyez les affaires que je fais pour vous.

D'AUVRAY, rentrant dans la salle de bal.

Très-bien, continuez.

LE DUC.

Quand je te le disais, d'Aumont... tu ne devrais jamais jouer contre moi, cela te porte malheur.

D'AUMONT.

Je tiens le double.

LE DUC.

Le double, soit.

SCENE DEUXIEME.

Les mêmes, D'AUBIGNY.

D'AUBIGNY, regardant de la porte, et apercevant Richelieu.

Enfin !...

Il entre, et vient lentement se placer en face du Duc.

LE DUC, levant les yeux.

Ah ! ah ! c'est vous, chevalier !

D'AUBIGNY.

Oui, monsieur le duc; pourrais-je vous dire deux mots?

LE DUC.

Aussitôt le coup joué, je suis à vous.

D'AUBIGNY.

C'est bien, j'attendrai.

LE DUC.

Tenez, voilà qui est fait. Passe-moi ton argent, d'Aumont. Bien, merci. Chamillac, prends ma place, elle est bonne. (Se levant). Me voilà, monsieur.

Un seigneur prend la place du Duc.

D'AUBIGNY.

Je vous ai attendu hier dans la rue jusqu'à quatre heures.

LE DUC.

Cela se peut, monsieur, j'étais sorti par la porte du parc.

D'AUBIGNY.

J'ai eu l'honneur de me présenter trois fois aujourd'hui chez vous.

LE DUC.

Je l'ai appris avec un vif regret, monsieur. J'étais à la chasse; mais aussitôt mon retour on a dû vous dire...

D'AUBIGNY.

Oui, que vous aviez pris la peine de passer à l'hôtel. (Les deux hommes se saluent). Il est inutile, je présume, mon-

ACTE IV, SCÈNE II.

sieur le duc, que je vous dise dans quel but je désirais vous rencontrer ?

LE DUC.

Mais je crois que je m'en doute, chevalier.

D'AUBIGNY.

Vous comprenez, monsieur, que, lorsqu'on a porté atteinte à la réputation d'une femme dont le père et les frères sont à la Bastille...

Le chevalier d'Auvray entre et s'approche doucement.

LE DUC.

On doit rendre raison à son amant. C'est trop juste, sur mon honneur, monsieur le chevalier, et je comprends parfaitement cela. Je suis à vos ordres.

D'AUBIGNY.

Je n'ai pas besoin d'ajouter qu'il est inutile que la véritable cause de notre combat soit connue.

LE DUC.

La cause sera celle que vous voudrez : le renvoi de l'infante, si cela peut vous être agréable. D'ailleurs nous trouverons des témoins accommodants.

D'AUBIGNY.

Il y aurait peut-être quelque chose de mieux, monsieur le duc ; ce serait de n'en pas prendre.

LE DUC.

Fort bien. Vous vous promènerez à une heure dite dans une allée convenue ; je sortirai à cette heure, et je me dirigerai vers cette allée. Ce ne sera plus un duel, ce sera une rencontre.

D'AUBIGNY.

Et... quel est l'endroit que vous préférez?

LE DUC.

Mais, le plus proche du château.

D'AUBIGNY.

L'allée qui conduit au bois de Sylvie, alors.

LE DUC.

Parfaitement.

D'AUBIGNY.

Votre heure?

LE DUC.

La vôtre, monsieur.

D'AUBIGNY.

Neuf heures du matin, si vous voulez.

LE DUC.

C'est convenu. Les armes?

D'AUBIGNY.

Je n'ai pas besoin de vous en parler. Nous sommes gentilshommes tous deux, l'arme des gentilshommes est l'épée, nous sortons avec notre épée, personne ne le remarque, personne n'a rien à dire.

LE DUC.

A merveille. Demain, à neuf heures, au bois de Sylvie, sans autres armes que notre épée.

D'AUBIGNY.

C'est dit.

D'AUVRAY, leur frappant sur l'épaule avec une petite baguette noire à pomme blanche.

Halte-là, de par le roi! Vous êtes assignés à la connétablie de France, au terme de huitaine, par nous, clamant et proclamant, le chevalier d'Auvray, lieutenant de nosseigneurs les maréchaux de France et greffier du point d'honneur.

D'AUBIGNY.

On nous écoutait!

LE DUC.

D'Auvray!... que le diable vous emporte, chevalier! on ne peut pas avoir la plus petite explication maintenant, qu'on ne voie paraître le bout de votre baguette noire.

D'AUVRAY.

Oui, c'est moi, messieurs; et songez-y, duc, songez-y, chevalier! ceci n'est point une plaisanterie, car vous êtes prévenus, et, à compter de cette heure, vous avez la tête entre la hache et le billot. Donnez-moi donc votre parole, que, d'ici au moment où nosseigneurs les maréchaux de France auront décidé, s'il y a lieu, à combat, il n'y aura entre vous ni duel ni rencontre.

LE DUC.

Ce n'est pas moi que cela regarde, chevalier, c'est M. d'Aubigny; qu'il vous donne sa parole, je vous donne la mienne. Autrement, je vous en préviens, je suis obligé de le suivre partout où il lui plaira de me mener, même sur l'échafaud.

D'AUBIGNY.

Je désirais votre vie, monsieur le duc, mais je voulais vous la prendre moi-même. Un procès est inutile et des juges sont superflus. Il ne doit y avoir entre M. Richelieu et moi d'autre juge que Dieu. Vous avez ma parole, monsieur d'Auvray.

D'AUVRAY.

Qu'il n'y aura entre vous ni duel ni rencontre?

D'AUBIGNY.

Foi de chevalier.

LE DUC.

Foi de duc et pair!

D'AUVRAY.

C'est bien, messieurs, je m'en rapporte à votre parole.

Il va s'appuyer à la chaise d'un des joueurs.

UN LAQUAIS, entrant.

Un courrier qui arrive de Paris demande à parler à M. le duc d'Aumont à l'instant même, de la part de Sa Majesté.

D'AUMONT, se levant.

Messieurs, vous permettez?...

UN JOUEUR.

Comment donc, monsieur le duc!... le service du roi avant tout.

D'Aumont quitte la table et suit le valet.

LE DUC.

Chevalier, je suis désolé...

D'AUBIGNY.

Tout n'est pas perdu, monsieur le duc. Vous devez penser que cela ne finira point ainsi, et que je n'aurais pas donné ma parole si je n'eusse trouvé un autre moyen de terminer l'affaire. Avez-vous cru que je me contentais d'un explication si tôt et si facilement terminée ! Alors, monsieur le duc, vous me faisiez une nouvelle injure.

LE DUC.

J'avoue, monsieur le chevalier, que j'étais étonné moi-même de la facilité avec laquelle vous vous étiez rendu.

D'AUBIGNY.

Vous devez la comprendre cependant; la cause de notre duel n'est pas une de celles qu'on porte devant un tribunal : mademoiselle de Belle-Isle est bien assez compromise à cette heure, sans que nous la perdions publiquement par de pareils débats : non, non, monsieur le duc. Oh ! soyez tranquille, cela ne se passera pas ainsi.

LE DUC.

Faites-y attention, chevalier ; maintenant nous sommes engagés d'honneur.

D'AUBIGNY.

A ne point nous rencontrer ni nous battre, voilà tout. Mais celui qui veut véritablement se venger d'une insulte qu'il a reçue, celui qui n'a plus à espérer dans ce monde ni bonheur ni repos, celui qui est décidé à recevoir la mort de la main de son ennemi, ou à la lui donner de quelque manière que ce soit, celui-là, monsieur le duc, pour une ressource qui lui manque, en a mille autre prêtes. Il lui faut seulement rencontrer un adversaire assez loyal pour qu'il comprenne qu'à l'homme à qui l'on a fait tout perdre on n'a le droit de rien refuser.

LE DUC.

Cet adversaire loyal, monsieur, je me flatte que vous l'aurez trouvé en moi.

D'AUBIGNY.

Aussi est-ce dans cet espoir que j'ai donné ma parole; j'ai compté sur votre courage, monsieur le duc.

LE DUC.

Vous avez bien fait; et que je perde mon nom, si vous me proposez quelque chose que je n'accepte!

D'AUBIGNY.

Eh bien! monsieur le duc, voilà des cornets, voilà des dés. En trois coups, et celui qui perdra...

LE DUC.

Celui qui perdra... après?

D'AUBIGNY.

Celui qui perdra se fera sauter la cervelle. C'est un genre de duel contre lequel la connétablie ne peut rien.

LE DUC.

Ah! ah! c'est très-ingénieux, savez-vous? ce que vous avez trouvé là!

D'AUBIGNY.

Vous hésitez, monsieur le duc?

LE DUC.

Dam! écoutez donc, la proposition est étrange.

D'AUBIGNY.

Monsieur le duc, refuseriez-vous?

ACTE IV, SCÈNE II.

LE DUC.

Non ; mais je me consulte.

D'AUBIGNY.

Monsieur le duc, faites-y attention, voilà la seconde fois qu'il vous arrive, au moment de vous battre...

LE DUC.

Que m'arrive-t-il, monsieur ?

D'AUBIGNY.

De trouver là, derrière vous, à point nommé, un officier de la connétablie.

LE DUC.

Après ?

D'AUBIGNY.

De sorte que l'on pourrait dire qu'il est trop commode de n'avoir qu'à prévenir M. d'Auvray.

LE DUC.

On ne dira rien, monsieur, j'accepte.

D'AUBIGNY.

Bien, duc ! j'attendais cela de vous.

LE DUC.

Seulement, je vous demanderai six heures d'intervalle. On a toujours, en pareil cas, quelques affaires à arranger, pour peu qu'on ne soit pas bâtard.

D'AUBIGNY.

Six heures, soit !

Ils approchent de la table.

LE DUC, s'asseyant.

Enchanté de faire votre partie.

D'AUVRAY.

Ah! vous jouez maintenant?...

LE DUC.

Eh! mon Dieu, oui, nous jouons : voulez-vous être de moitié dans ma partie, d'Auvray ?

D'AUVRAY.

Volontiers ; mais vous ne mettez pas au jeu.

D'AUBIGNY.

Non; nous jouons sur parole, monsieur. A vous, duc !

LE DUC.

Je n'en ferai rien. Commencez, chevalier.

D'AUVRAY.

Cinquante louis pour Richelieu, Chamillac.

CHAMILLAC.

Je les tiens.

D'AUVRAY.

Allons, messieurs!

D'AUBIGNY, secouant les dés.

Puisque vous le voulez, monsieur le duc... (Il amène.) Cinq.

LE DUC, amenant.

Huit.

CHAMILLAC.

Ma revanche.

ACTE IV, SCÈNE II.

D'AUVRAY.

Mais, auparavant, ces messieurs continuent-ils?...

LE DUC.

Oui.

D'AUBIGNY.

Vous avez la première manche, monsieur le duc; à vous de commencer.

LE DUC.

J'accepte; cela vous portera peut-être bonheur, chevalier. Neuf.

D'AUBIGNY, *secouant les dés.*

Vous n'avez pas de chance, monsieur de Chamillac, et je commence à croire que vous avez eu tort de parier pour moi. Onze. Je me trompais.

CHAMILLAC.

Nous sommes quittes, d'Auvray.

LE DUC.

Monsieur d'Aubigny, continuez-vous.

D'AUBIGNY.

Sans doute, monsieur le duc.

D'AUVRAY.

Toujours la même.

LE DUC.

Sept.

D'AUBIGNY.

Sept.

D'AUVRAY.

Coup nul.

LE DUC.

En restons-nous là, chevalier?

D'AUBIGNY.

Voilà ma réponse. Neuf.

LE DUC.

Onze.

D'AUBIGNY, se levant.

J'ai perdu, monsieur le duc.

CHAMILLAC.

Voilà vos cinquante louis, d'Auvray.

LE DUC allant au chevalier d'Aubigny.

Chevalier.... dites-moi... j'espère que vous n'avez pas pris cette partie au sérieux?

D'AUBIGNY.

Et qui vous fait croire cela, je vous prie, monsieur le le duc?

LE DUC.

C'est que cette partie est impossible.

D'AUBIGNY.

Si elle eût été impossible, vous ne l'eussiez pas acceptée.

LE DUC.

Oui; mais si je l'eusse perdue...

D'AUMONT.

Si vous l'eussiez perdue, vous eussiez tenu votre parole comme je tiendrai la mienne. Les dettes de jeu sont sacrées, monsieur le duc.

LE DUC.

Oh! mais je vous en prie...

D'AUBIGNY.

Il est trois heures du matin. A neuf heures, duc, vous serez payé.

Il s'éloigne.

LE DUC, le suivant.

Ou vous êtes fou, monsieur, ou vous n'en ferez rien, je l'espère.

D'Aubigny se retourne, salue le Duc et sort.

SCÈNE TROISIÈME.

LE DUC, sur le devant de la scène, laissé seul peu à peu par les autres personnages, qui rentrent dans la salle de bal.

Il le fera comme il le dit, j'en suis sûr. Il y a des hommes qu'on n'a besoin que de voir un instant pour les juger... Ah çà! mais... est-ce qu'il n'y a pas moyen de l'empêcher de faire une pareille folie?... Oh! penser que, rentré chez lui, de sang froid, seul... il va... c'est quelque chose comme un assassinat, ma parole d'honneur!... De la jeunesse, du courage, un beau nom... et tout cela dans six heures!... tout cela aura cessé d'exister!... et pour un pari infâme, que j'aimerais mieux avoir perdu cent fois, d'autant plus que maintenant, le diable m'emporte si je comprends comment je l'ai gagné... S'il faut que ce garçon-là se brûle la cervelle, d'honneur, il me poursuivra toute ma vie! Si j'étais à Paris, j'irais trouver le roi, j'obtiendrais une lettre de cachet, et je le ferais mettre à la Bastille, et là, à moins qu'il ne se pende aux barreaux... mais ici, il n'y a pas moyen!... c'est à en perdre la tête.

SCÈNE QUATRIÈME.

LE DUC DE RICHELIEU, LE DUC D'AUMONT.

D'AUMONT, qui s'est approché par derrière et a entendu les derniers mots.

Oui, c'est à en perdre la tête.

LE DUC.

Et de quoi?

D'AUMONT.

De ce qui m'arrive.

LE DUC.

Il t'arrive donc quelque chose aussi à toi? En effet, te voilà tout agité.

D'AUMONT.

Il y a de quoi. Tu ne sais pas les nouvelles de Paris.

LE DUC.

Non.

D'AUMONT.

Révolution complète dans le cabinet.

LE DUC.

Bah!

D'AUMONT.

L'évêque de Fréjus, premier ministre.

LE DUC.

M. de Fleury?

D'AUMONT.

Lui-même.

LE DUC.

Et M. le duc de Bourbon?

D'AUMONT.

Arrêté.

LE DUC.

Arrêté! un prince du sang!

D'AUMONT.

Arrêté.

LE DUC.

Comment cela?

D'AUMONT.

Au moment où il montait en voiture pour rejoindre le roi à Rambouillet, ainsi que Sa Majesté elle-même l'y avait invité. Charrost est venu lui demander son épée.

LE DUC.

Pas possible!

D'AUMONT.

C'est comme je te le dis, mon cher; une véritable révolution de sérail, faite par un évêque... mais ce n'est pas le tout...

LE DUC.

Comment! ce n'est pas le tout!... il y a autre chose encore?

D'AUMONT.

J'ai reçu une lettre de cachet qui exile la marquise de Prie à sa terre.

LE DUC.

Et pourquoi est-elle adressée à toi?

D'AUMONT.

Parce que c'est moi, mon cher, que, comme capitaine des gardes, on a chargé de l'y conduire.

LE DUC.

Ah! mon pauvre d'Aumont! eh bien, que feras-tu?

D'AUMONT.

Il faudra bien que j'obéisse, pardieu!

LE DUC.

Et la lettre accorde-t-elle un délai, au moins?

D'AUMONT.

Pas une minute. L'exempt ne doit retourner à Paris qu'après nous avoir vus partir.

LE DUC.

Tiens, justement, d'Aumont, voilà la marquise qui vient te chercher pour danser avec elle.

D'AUMONT.

Je voudrais être à cent pieds sous terre!

SCÈNE CINQUIÈME.

Les mêmes, LA MARQUISE.

LA MARQUISE.

Eh bien d'Aumont, que faites-vous donc là? quand je vous attends!

LE DUC.

Ce qu'il fait, madame? demandez-lui plutôt ce qu'il fera; car je suis convaincu qu'il ne le sais pas encore.

LA MARQUISE.

Que voulez-vous dire?

D'AUMONT.

Madame la marquise, pardonnez-moi, mais je suis bien malheureux, bien désespéré.

LA MARQUISE.

Vous, d'Aumont! malheureux, désespéré! et de quoi?

LE DUC.

Marquise, quelque chose qui arrive, comptez-moi toujours au rang de vos amis, et usez de mon crédit, si toutefois il n'est pas perdu avec le vôtre.

LA MARQUISE.

Avec le mien! mon crédit perdu? mais que dites-vous donc tous deux? êtes-vous devenus fous?

D'AUMONT.

Vous savez, madame, qu'il est impossible de désobéir au roi.

LA MARQUISE.

Eh! qui songe à désobéir à Sa Majesté?

LE DUC.

Eh! mon Dieu, lui, ce pauvre d'Aumont, qui ne demanderait pas mieux, mais qui est forcé de suivre les ordres qu'il a reçus.

LA MARQUISE.

Et quels ordres avez-vous donc reçus, monsieur le duc? parlez, au nom du ciel, parlez!

D'AUMONT.

Il ne faut pas vous effrayer, madame la marquise ; peut-être n'est-ce qu'une disgrâce momentanée.

LA MARQUISE.

Une disgrâce! mais vous me faites mourir tous deux avec vos préparations. Voyons : j'ai du courage, dites-moi ce qu'il en est tout de suite.

LE DUC.

Eh bien! marquise, M. le duc est arrêté ; vous êtes exilée à votre terre, et d'Aumont a l'ordre de vous conduire à l'instant même au lieu de votre exil.

LA MARQUISE.

Impossible! duc! (D'Aumont lui montre l'ordre?. Ah! mon Dieu, la signature de Sa Majesté... Mais ne puis-je pas voir M. de Bourbon?

LE DUC.

Pourquoi faire, puisqu'il est arrêté lui-même?

ACTE IV, SCÈNE V.

LA MARQUISE.

Ecrire au roi?

D'AUMONT.

Inutile, M. de Fleury décachètera la lettre.

LA MARQUISE.

A la reine?

LE DUC.

C'est autre chose.

LA MARQUISE.

Oui, oui; elle se souviendra que c'est moi qui l'ai tirée de l'exil pour la porter sur le premier trône du monde. Mais qui lui remettra cette lettre?

LE DUC.

Moi, marquise, et en personne.

LA MARQUISE.

Merci, duc. D'Aumont, passez-moi ce papier et ces plumes. (Elle se met à écrire.) Oh! mon Dieu! mon Dieu!

LE DUC, reconnaissant l'écriture.

Marquise!

LA MARQUISE.

Quoi donc?

LE DUC.

Marquise, c'est là votre écriture?

LA MARQUISE.

Sans doute; et pourquoi cela?

LE DUC.

Pourquoi cela? parce qu'alors... (Tirant de sa poche le placet du deuxième acte.) cette lettre, ce placet ne sont point de mademoiselle de Belle-Isle, mais de vous; et s'ils sont de vous, marquise! oh! mais s'ils sont de vous, qui donc m'a reçu dans cette chambre, où je croyais la trouver?

LA MARQUISE.

Ingrat!

LE DUC.

Oh!... oh! mon Dieu! mon Dieu!

Il veut sortir.

LA MARQUISE.

Mais où allez-vous? attendez donc ma lettre!

LE DUC.

Oh! il s'agit bien de votre lettre maintenant.

LA MARQUISE.

Qu'y a-t-il donc?

LE DUC.

Il y a! il y a, madame, que, dans six heures, un des plus braves gentilshommes de France se fait sauter la cervelle, et que c'est vous qui le tuez, si je n'arrive pas à temps : voilà ce qu'il y a.

Il va pour sortir, d'Auvray paraît.

LA MARQUISE.

Il est fou!

D'AUVRAY, à Richelieu.

Pardon, mon cher duc, mais je suis forcé de vous demander votre épée.

LE DUC.

Comment?...

D'AUVRAY, montrant une lettre.

Ordre de Sa Majesté.

ACTE IV, SCÈNE V.

LE DUC.

Prisonnier ?

D'AUVRAY.

Mandé à Paris par le roi, pour lui rendre à l'instant même compte de votre conduite.

LE DUC.

Oh! madame! madame!... s'il faut que, par votre faute, il arrive malheur à ce jeune homme, je ne vous le pardonnerai de ma vie! Allons, monsieur, allons!...

ACTE CINQUIÈME.

Même décoration qu'au troisième acte.

SCENE PREMIERE.

MADEMOISELLE DE BELLE-ISLE, UN LAQUAIS.

MADEMOISELLE DE BELLE-ISLE.

Vous le connaissez bien, n'est-ce pas, M. le chevalier d'Aubigny, ce jeune lieutenant au régiment du roi, qui s'est présenté hier et avant-hier ici, et que vous avez annoncé deux fois?

LE LAQUAIS.

Je le connais; mademoiselle peut être parfaitement tranquille.

MADEMOISELLE DE BELLE-ISLE, cachetant sa lettre.

Eh bien! cherchez-le jusqu'à ce que vous le trouviez; d'ailleurs, peut-être est-il encore chez lui, à peine

ACTE V, SCÈNE I.

est-il sept heures du matin... Puis, quand vous l'aurez trouvé, remettez-lui cette lettre et amenez-le ici; il faut que je lui parle à l'instant même. Attendez, avant de sortir, envoyez-moi Mariette.

LE LAQUAIS.

Elle a quitté cette nuit le château avec madame la marquise.

MADEMOISELLE DE BELLE-ISLE.

Madame la marquise n'est plus au château?

LE LAQUAIS.

Elle est partie cette nuit avec M. le duc d'Aumont, avant même que la soirée ne fût finie.

MADEMOISELLE DE BELLE-ISLE.

Mais elle reviendra; elle va revenir... aujourd'hui?

LE LAQUAIS.

Je l'ignore, et si mademoiselle veut, je m'en informerai.

MADEMOISELLE DE BELLE-ISLE.

Oui, mais allez d'abord porter cette lettre, c'est le plus pressé. (Il sort.) Mon Dieu! que se passe-t-il donc? Hier, elle me fait dire qu'elle ne peut pas me recevoir... ce matin elle est partie! D'Aubigny, dont je n'entends plus parler!... C'est à n'y rien comprendre. (Le Laquais rentre.) Eh bien! vous n'êtes pas encore parti?

LE LAQUAIS.

Quelqu'un monte le grand escalier; mademoiselle veut-elle recevoir?

MADEMOISELLE DE BELLE-ISLE.

Oh! non, non; je n'y suis pour personne.

LE LAQUAIS.

Pardon, mais justement...

MADEMOISELLE DE BELLE-ISLE.

Eh bien?

LE LAQUAIS.

C'est M. le marquis d'Aubigny.

MADEMOISELLE DE BELLE-ISLE.

Oh! qu'il entre, qu'il entre! et avertissez-moi aussitôt que madame la marquise sera de retour.

SCÈNE DEUXIÈME.

MADEMOISELLE DE BELLE-ISLE, D'AUBIGNY.

D'AUBIGNY, dans l'antichambre.

Mademoiselle de Belle-Isle!

MADEMOISELLE DE BELLE-ISLE.

Venez, Raoul, venez; pour vous j'y suis toujours. Tenez, je vous écrivais, je vous attendais; mais je n'espérais pas vous voir.

D'AUBIGNY.

Aussi est-ce une circonstance imprévue qui m'amène.

MADEMOISELLE DE BELLE-ISLE.

Quelle que soit cette circonstance, soyez le bien venu. Ah! vous voilà, Raoul, vous voilà!

D'AUBIGNY.

Oui ; je viens vous prier de me rendre un service.

MADEMOISELLE DE BELLE-ISLE.

Un service, à vous? oh! parlez.

D'AUBIGNY.

Je n'ai que vous, Gabrielle : ma mère est morte en me mettant au monde; mon père a été tué à la bataille de Denain. Plus de famille, plus d'amis!

MADEMOISELLE DE BELLE-ISLE.

Plus d'amis!

D'AUBIGNY.

Je ne saurais donc à qui confier un dépôt d'une certaine importance, si vous ne vouliez pas vous en charger.

MADEMOISELLE DE BELLE-ISLE.

Et quel est ce dépôt?

D'AUBIGNY.

De papiers qui concernent ma fortune.

MADEMOISELLE DE BELLE-ISLE.

Et pourquoi vous dessaisissez-vous de ces papiers?

D'AUBIGNY.

Je pars, Gabrielle.

MADEMOISELLE DE BELLE-ISLE.

Vous partez?

D'AUBIGNY.

Oui, je me sépare de vous; et quand on se sépare, Dieu seul sait ce que dure l'absence.

MADEMOISELLE DE BELLE-ISLE.

Que me dites-vous là?

D'AUBIGNY.

Je ne veux point vous effrayer; mais qui peut prévoir les chances étranges de la vie? Certes, j'eusse traité d'imposteur celui-là qui m'eût prédit, il y a trois jours, les événements qui depuis trois jours me sont arrivés : je ne veux plus me laisser surprendre par le malheur, ainsi que je l'ai fait jusqu'à présent; je n'y échapperai pas pour cela, je le sais; mais au moins il me trouvera préparé et résolu.

MADEMOISELLE DE BELLE-ISLE.

Je vous écoute, Raoul, et je vous laisse dire, quoique chacune de vos paroles soit un coup de poignard au plus profond de mon cœur; parlez donc, puisque vous ne craignez pas de me faire souffrir, parlez!

D'AUBIGNY.

Croyez que, de mon côté, il m'en coûte cruellement d'agir ainsi; mais ce que j'ai à vous dire est de la dernière importance; et, une fois dit, ce sera tout.

MADEMOISELLE DE BELLE-ISLE.

J'écoute...

ACTE V, SCÈNE II.

D'AUBIGNY.

Je disais donc qu'au moment de partir, en songeant aux accidents auxquels cette misérable vie est exposée, en réfléchissant que je pouvais ne plus vous revoir, je n'ai pas voulu m'éloigner sans vous demander pardon pour mes emportements d'hier. On ne perd pas tout à coup et aussi cruellement un espoir de bonheur comme celui que je nourrissais... depuis quatre ans; car il y a quatre ans que je vous aime, Gabrielle! sans que quelque chose ne se brise là; mais, en y réfléchissant depuis, j'ai songé que, si je mourais loin de vous, vous pourriez croire que j'étais mort le cœur gros de reproches, et que cette idée tourmenterait peut-être le reste de votre vie... J'ai donc voulu, au moment du départ, venir prendre congé de vous, non plus, hélas! comme un fiancé de sa fiancée, mais comme un frère de sa sœur!

MADEMOISELLE DE BELLE-ISLE.

Raoul, vous êtes bien cruel, et vous regretterez amèrement un jour tout ce que vous me dites là.

D'AUBIGNY.

Je ne vous dis cependant que ce que je dois vous dire pour que vous soyez heureuse encore, si toutefois vous pouvez l'être. Eussiez-vous mieux aimé que je me séparasse de vous en vous laissant croire que j'emportais des sentiments de haine, quand, au contraire, je vous avais pardonné?

MADEMOISELLE DE BELLE-ISLE.

Pardonné!

D'AUBIGNY.

Oui, pardonné ; et il n'y a pas longtemps que j'ai eu cette force, allez !... et c'est le ciel qui me l'a inspirée : j'ai passé une partie de la nuit dans une église ; car on peut oublier Dieu pendant le bonheur ; mais, lorsque le bonheur s'en va pour faire place à l'infortune, c'est toujours à Dieu qu'il faut revenir, voyez-vous ? Hélas ! je l'avais oublié depuis longtemps, j'étais si heureux ! mais, cette nuit, j'ai pensé à lui, ou plutôt il a pensé à moi ; j'ai passé deux heures dans cette église, priant et pleurant ! Cela vous étonne, Gabrielle ; Dieu ne vous fasse jamais sentir le besoin de la prière, des larmes et d'une église !

MADEMOISELLE DE BELLE-ISLE.

Pauvre insensé !

D'AUBIGNY.

Je l'étais, vous avez raison... Mais heureusement je ne le suis plus ; car je suis rentré chez moi, sinon consolé, du moins calme... Alors, j'ai fait mes préparatifs de départ, et je suis venu, comme je vous le disais, vous prier de me conserver ces papiers... Si je reviens, vous me les rendrez... Si je meurs, vous les ouvrirez... Ils contiennent quelques dispositions suprêmes, quelques volontés dernières que je vous prierai de regarder comme sacrées... Adieu, Gabrielle !

MADEMOISELLE DE BELLE-ISLE, à part.

Elle ne vient pas !

D'AUBIGNY.

Adieu, Gabrielle !

ACTE V, SCÈNE II.

MADEMOISELLE DE BELLE-ISLE.

Raoul!... vous ne partirez pas!

D'AUBIGNY.

Il le faut.

MADEMOISELLE DE BELLE-ISLE.

Oui, parce que vous me croyez coupable... Mais écoutez... je vous le jure, Raoul, je vous le jure sur le salut de ma mère, sur la liberté de mon père, sur votre vie, à vous qui m'est plus précieuse et plus chère que la mienne... Raoul, je ne suis pas coupable!

D'AUBIGNY.

Vous me l'avez déjà dit, et je ne l'ai pas cru... D'ailleurs, n'ai-je point entendu le duc?

MADEMOISELLE DE BELLE-ISLE.

Eh bien! malgré son accent de vérité, auquel je n'ai rien pu comprendre moi-même, le duc mentait... ou bien, comme moi, il était le jouet de quelque ruse infâme... Mais, écoutez-moi, Raoul.

D'AUBIGNY.

Je vous écoute... Eh bien?

MADEMOISELLE DE BELLE-ISLE.

Oh! c'est que je fais mal en disant ce que je vais dire... car j'ai juré... Eh bien! cette nuit, où M. de Richelieu prétend que je l'ai reçu ici... je ne l'ai point passée au château.

D'AUBIGNY.

Vous n'avez point passé la nuit au château?

MADEMOISELLE DE BELLE-ISLE.

Non. Je l'ai quitté à dix heures du soir... et je n'y suis rentrée qu'à cinq heures du matin.

D'AUBIGNY.

Mais où étiez-vous donc?... au nom du ciel! où étiez-vous?...

MADEMOISELLE DE BELLE-ISLE.

Où j'étais?... ah! voilà ce que madame de Prie seule peut m'autoriser à vous dire... J'ai déjà manqué à une partie de ma promesse en vous révélant que je n'étais pas ici... Songez-y, Raoul! Ayez pitié de moi, et ne m'en demandez pas plus en ce moment... car, pour vous retenir ici... j'ai tant souffert depuis hier, que peut-être je vous dirais tout, ou mépris d'un serment sacré!

D'AUBIGNY.

Vous n'étiez pas ici! Oh! mon Dieu! mon Dieu!...

MADEMOISELLE DE BELLE-ISLE.

Je vous l'ai dit, je n'étais pas ici... Maintenant je ne vous demande qu'une seule chose... une seule... et si vous attendez en vain, vous me tuerez, Raoul, ou vous m'abandonnerez en me méprisant, ce qui sera bien pis encore... Attendez que je puisse vous mettre en face de madame de Prie... tandis qu'à ses genoux, moi, je la supplierai de tout vous dire.

D'AUBIGNY.

Madame de Prie! mais vous savez bien que vous ne la reverrez pas.

MADEMOISELLE DE BELLE-ISLE.

Comment?...

D'AUBIGNY.

Madame de Prie est partie cette nuit.

MADEMOISELLE DE BELLE-ISLE.

Partie!

D'AUBIGNY.

Pour sa terre, où elle est exilée.

MADEMOISELLE DE BELLE-ISLE.

Exilée?

D'AUBIGNY.

M. le duc de Bourbon, en tombant, l'a entraînée dans sa chute... Vous me demandez là des choses que vous savez aussi bien que moi...

MADEMOISELLE DE BELLE-ISLE.

M. le duc de Bourbon n'est plus ministre?

D'AUBIGNY.

Non, Gabrielle, et votre père va être libre.

MADEMOISELLE DE BELLE-ISLE.

M. le duc de Bourbon n'est plus ministre?

D'AUBIGNY.

Depuis hier midi.

MADEMOISELLE DE BELLE-ISLE.

Sur votre honneur... ce que vous me dites-là, Raoul, est-ce vrai?

D'AUBIGNY.

Que vous importe?

MADEMOISELLE DE BELLE-ISLE.

Raoul! je vous demande, sur votre honneur, si M. le duc de Bourbon est ou n'est plus ministre?

D'AUBIGNY.

Il ne l'est plus.

MADEMOISELLE DE BELLE-ISLE.

Mais je puis tout vous dire alors; car je suis dégagée de mon serment.

D'AUBIGNY.

Vous!

MADEMOISELLE DE BELLE-ISLE.

Oui, moi... Ah! Raoul! nous sommes sauvés!

D'AUBIGNY.

Sauvés!

MADEMOISELLE DE BELLE-ISLE.

Oui... cette nuit... Ah! que je suis heureuse!

D'AUBIGNY.

Eh bien! cette nuit...

MADEMOISELLE DE BELLE-ISLE.

Cette nuit, munie d'une lettre de madame de Prie, je suis partie dans sa voiture. Cette nuit, pendant laquelle tu croyais que je t'avais trompé, malheureux! cette nuit! je l'ai passée dans les bras de mon père, que je n'avais pas vu depuis trois ans, tu le sais... Et si tu en doutes, Raoul... mon père, oui, mon père lui-même te jurera sur ses cheveux blancs que je dis la vérité.

D'AUBIGNY.

Taisez-vous! taisez-vous!...

MADEMOISELLE DE BELLE-ISLE.

Voilà la cause de mon trouble, voilà pourquoi, pour la première fois, je te pressais de me quitter; voilà pourquoi, enfin, je n'ai rien pu te dire : c'est que j'avais juré à la marquise, qui m'avait donné cet ordre à l'insu du duc de Bourbon, que, tant que M. le duc de Bourbon serait ministre, je lui garderais ce secret qui pouvait la perdre et causer la mort de mon père. Dix minutes après que vous eûtes quitté cette chambre, j'étais partie... et j'y revenais seulement lorsque vous y êtes entré.

D'AUBIGNY.

Oh!

MADEMOISELLE DE BELLE-ISLE.

Eh bien! vous le voyez, c'est vous qui êtes le coupable, et c'est moi qui suis le juge... car rappelez-vous ce dont vous m'avez accusée; rappelez-vous ce que vous avez cru; rappelez-vous les paroles terribles que vous m'avez dites à moi, à votre Gabrielle. Savez-vous que, quand vous avez été parti, lorsque je me suis sentie chancelante, loin de mon père et loin de vous, mon seul et dernier appui, savez-vous que je me suis crue abandonnée de Dieu même, et que je me suis demandé si mieux ne valait pas mourir?

D'AUBIGNY.

Gabrielle! Gabrielle!...

MADEMOISELLE DE BELLE-ISLE.

Oui, car puisque vivante je ne pouvais plus me justifier, peut-être du moins auriez-vous cru ma mort! peut-être vous seriez-vous dit alors : Puisqu'elle est morte parce que je voulais la quitter, elle m'aimait donc, et si elle m'aimait, elle n'avait pu me tromper. Eh bien! maintenant, est-ce vous qui me pardonnez, ou est-ce moi qui vous pardonne? Non, c'est vous qui m'aimez, c'est moi qui vous aime. Oublions le passé, l'avenir est à nous! l'avenir, tout entier renfermé dans deux mots : — Je t'aime toujours; m'aimes-tu encore?

D'AUBIGNY.

Assez, assez! mais alors, dites-moi, car j'ai eu un instant la tête perdue, et voilà que tout me revient... si vous n'étiez pas ici, si vous étiez à Paris... tout ce qu'a dit cet homme était donc faux, il mentait donc, ce duc! c'était donc un infâme! Oh! (Il regarde la pendule, qui sonne huit heures et demie.) Et une demi-heure seulement pour le trouver, pour me venger de lui!... Une demi-heure! rien qu'une demi-heure! Oh, mon Dieu! mon Dieu!

Il se précipite vers la porte, Gabrielle l'arrête.

MADEMOISELLE DE BELLE-ISLE.

Raoul, je ne vous comprends pas. Je suis là; je vous dis que je ne suis pas coupable; je vous le prouve; je vous répète que je vous aime, et, au lieu de me répondre, vous pensez à cet homme; mais laissez cet homme, méprisez ses calomnies; obtenons la grâce de mon père, ce qui sera facile maintenant, puis quittons Paris et retournons en Bretagne; soyons heureux!

D'AUBIGNY.

Heureux, Gabrielle!... heureux!... oh! vous ne savez pas, à votre tour!... vous ne savez pas!...

MADEMOISELLE DE BELLE-ISLE.

Quoi donc?

ACTE V, SCÈNE II.

D'AUBIGNY.

Laissez-moi sortir, laissez-moi le retrouver avant neuf heures.

MADEMOISELLE DE BELLE-ISLE.

Vous ne sortirez point, Raoul... Je ne sais pas ce que vous voulez dire, je ne sais pas ce que vous voulez faire... mais vous resterez. Oh! je vous dis, moi, que vous ne passerez pas cette porte. J'appelle, je crie.

D'AUBIGNY.

Oh! mourir, mourir dans un pareil moment, mourir assassiné!... c'est impossible!

MADEMOISELLE DE BELLE-ISLE.

Mais que dites-vous donc?

D'AUBIGNY.

Oh! Gabrielle! Gabrielle! viens ici... Dis-moi bien que tu m'aimais, répète-le-moi encore... C'est ma faute, aussi!... je n'aurais pas dû me fier à mes yeux; j'aurais dû douter de moi-même plutôt que de toi! mais je t'ai crue infidèle : j'ai cru qu'il fallait renoncer à toi pour toujours! hélas! mon Dieu, si tu m'avais cru infidèle, qu'aurais-tu fait, toi? tu aurais voulu mourir, n'est-ce pas?.... voilà tout! parce que tu es une femme, parce que tu es un ange, et que tu n'aurais pas pensé à la vengeance, et que tu serais morte en pardonnant. Mais moi!... oh! moi, j'ai voulu me venger... j'ai été à cet homme, Gabrielle... je ne devrais peut-être pas te dire tout cela! mais je n'ai plus de force. Je l'ai provoqué : nous allions nous battre.

MADEMOISELLE DE BELLE-ISLE.

Grand Dieu!

D'AUBIGNY.

On nous a arrêtés : M. d'Auvray... il nous a fait donner notre parole : il n'y avait plus moyen de nous rencontrer qu'en expliquant devant un tribunal de maréchaux la cause de notre combat!... et cette cause, c'était ton déshonneur, Gabrielle... Tu étais perdue, ou je ne me vengeais pas! alors je lui ai offert de jouer sa vie contre la mienne sur un coup de dés.

MADEMOISELLE DE BELLE-ISLE.

Raoul!

D'AUBIGNY.

Il a accepté, car il est brave.

MADEMOISELLE DE BELLE-ISLE.

Et...

D'AUBIGNY.

Et j'ai perdu, voilà tout!...

MADEMOISELLE DE BELLE-ISLE.

Ah! je comprends maintenant : vous ne reveniez à moi que pour me dire adieu!... ce départ, c'était la mort!... vous mouriez pour moi, Raoul, à cause de moi!... Oh! mais vous avez renoncé à ce projet : vous vouliez mourir, parce que vous me croyiez coupable... eh bien!... je ne le suis pas... vous savez maintenant que je vous aime, que je vous ai toujours aimé... Alors pourquoi mourir? vous ne pouvez pas mourir!... Oh! cet homme... mon Dieu! mon Dieu! pourquoi ai-je rencontré cet homme?

ACTE V, SCÈNE II.

D'AUBIGNY.

Vous voyez bien qu'il faut que je le tue.

MADEMOISELLE DE BELLE-ISLE.

Oh! vous ne sortirez pas... Vous ne me quitterez pas, pas d'une minute, pas d'une seconde.

D'AUBIGNY.

Il n'y a cependant que ce moyen de vous sauver... Lui mort, personne ne sait plus ce qui s'est passé... tout le monde ignore qu'aujourd'hui à neuf heures je devais... Tiens, Gabrielle, je dis des choses impossibles; je suis prêt à commettre des lâchetés infâmes... et tout cela pour vous!... Ah! voyez si je vous aime! voyez!

MADEMOISELLE DE BELLE-ISLE.

Oui, tu m'aimes, Raoul! et moi aussi, je t'aime! et cependant... tu n'as pas pitié de moi... Oh! mon Dieu! mon Dieu! si tu étais à mes pieds comme je suis aux tiens, tu me ferais faire tout ce que tu voudrais... ma réputation, mon honneur, ma vie, tout serait à toi!... Ah! vous autres hommes, vous ne donnez jamais que la moitié de votre cœur à l'amour! le reste est pour l'orgueil. Voyons, dis-moi, que veux-tu que je fasse? je ne puis pas rester ainsi sans te venir en aide... veux-tu que j'aille le trouver? que je lui dise qu'il me tue en te tuant?... Prends pitié de moi! Raoul!... je sens ma tête qui se perd... Je deviens folle.

D'AUBIGNY.

Gabrielle!... Mon Dieu! mon Dieu! du courage!...

MADEMOISELLE DE BELLE-ISLE.

Du courage pour te voir mourir?... Mais que me dis-tu donc là, mon Dieu?... Pour mourir avec toi?... oui, j'en aurai, si tu veux, le courage.

D'AUBIGNY.

Oh! c'est affreux! Ayez pitié de moi, Gabrielle! Gabrielle!... grâce! grâce!...

MADEMOISELLE DE BELLE-ISLE.

Écoute!

D'AUBIGNY.

Quoi?

MADEMOISELLE DE BELLE-ISLE.

C'est sa voix!... c'est la voix du duc!...

D'AUBIGNY.

La voix du duc! Oui... je la reconnais. Oh! c'est la justice de Dieu qui l'amène.

MADEMOISELLE DE BELLE-ISLE, essayant de l'arrêter.

Raoul!

D'AUBIGNY.

A votre tour, Gabrielle, à votre tour, entrez là... J'ai droit d'exiger que vous fassiez aujourd'hui pour moi ce qu'hier je faisais pour vous.

MADEMOISELLE DE BELLE-ISLE.

Non, non! je ne vous laisserai pas seuls.

D'AUBIGNY.

Gabrielle! si vous restez!... je ne réponds de rien... si vous restez, je le traîne à vos pieds.

MADEMOISELLE DE BELLE-ISLE.

Tout ce que vous voudrez!... tout!... tout!... Mais au nom du ciel, Raoul!...

ACTE V, SCÈNE III.

D'AUBIGNY.

Soyez tranquille... Allez... allez...

LE DUC, derrière la porte.

Va-t'en au diable, faquin ! je te dis que je sais qu'il est ici... qu'il faut que je lui parle... et je lui parlerai.

Il ouvre la porte.

SCÈNE TROISIÈME.

MADEMOISELLE DE BELLE-ISLE cachée, D'AUBIGNY, LE DUC, couvert de poussière et ayant de grandes bottes.

D'AUBIGNY, au Duc, qui s'est élancé dans la chambre.

Ah ! je vous tiens donc enfin !

LE DUC.

Et moi aussi. J'avais assez peur de ne pas vous retrouver. Je ne vous lâche plus.

D'AUBIGNY.

Monsieur le duc, vous en aviez menti !

LE DUC.

Je le sais, pardieu, bien, que j'en avais menti, puisque je viens de faire dix lieues à franc étrier pour vous le dire. Il y a six heures que vous le sauriez, si je n'avais pas été arrêté comme tout le monde, et conduit à Paris ; mais, par bonheur, je n'ai eu qu'un mot à dire au roi pour me justifier, et j'arrive à temps...

Mademoiselle de Belle-Isle sort de la chambre.

D'AUBIGNY.

Qu'est-ce que cela signifie ?

LE DUC.

Je dis, chevalier, que si vous ne recevez pas mes excuses, que si vous ne me pardonnez pas, je ne me consolerai jamais de ce qui vient de m'arriver vis-à-vis de vous. Je dis que j'ai été joué, dupé, berné comme un sot par madame de Prie, qui n'a pas senti elle-même l'importance de ce qu'elle faisait. Je dis, monsieur le chevalier, que mademoiselle de Belle-Isle est l'ange le plus pur qui soit jamais descendu du ciel, et que je demande à être conduit à ses pieds pour m'incliner devant elle, pour obtenir un pardon de sa bouche ! Car je l'ai insultée, monsieur, insultée, et je m'en repens comme d'une action lâche et honteuse. Êtes-vous content, chevalier, et est-ce assez comme cela ?

MADEMOISELLE DE BELLE-ISLE.

Ah ! oui, monsieur le duc... tout est dit, tout est terminé ! Oh ! vous êtes un noble cœur ! Oh ! Raoul ! Raoul ! qu'attendez-vous encore pour partager ma joie et remercier Dieu de votre bonheur ? (Au Duc.) Vous ne savez pas... il allait se tuer, le malheureux !

LE DUC.

Nous avons joué deux parties l'un contre l'autre, chevalier ; mais je ne me souviens que de celle que j'ai perdue... Eh bien ! maintenant, voyons... la paix est-elle faite ?

D'AUBIGNY, présentant mademoiselle de Belle-Isle au Duc.

Mademoiselle de Belle-Isle, ma femme. (Présentant le duc de Richelieu à mademoiselle de Belle-Isle.) M. de Richelieu, mon meilleur ami.

FIN.

HALIFAX,

COMÉDIE MÊLÉE DE CHANT, EN TROIS ACTES,

AVEC UN PROLOGUE.

PERSONNAGES.

Lord DUDLEY.
HALIFAX.
ARTHUR.
Sir JOHN DUMBAR.
TOM RICK.
SAMUEL.
SAMPTON.
UN FACTEUR.
UN SERGENT.
JENNY.
ANNA.

PROLOGUE.

Le théâtre représente une taverne. Porte au fond, portes latérales, plusieurs tables.

SCÈNE PREMIÈRE.

L'HOTE, DEUX ou TROIS GARÇONS, puis UNE FEMME DE CHAMBRE.

L'HOTE.

Allons, mes enfants, dans un quart d'heure nos pratiques seront ici; préparez les tables, et que les habitués n'aient pas même la peine de demander. Ici, Thomas Dickson, un pot d'ale et la gazette de Hollande; ici, John Burleigh et Charles Smith, une bouteille de porter et un jeu de cartes, là le seigneur Halifax une bouteille de Claret, des cornets et des dés. Que chacun trouve, en arrivant, ce qui lui convient; c'est le moyen qu'on y revienne. (A la Femme de chambre, qui entre.) Ah! ah! qu'est-ce que c'est que cela?

LA FEMME DE CHAMBRE.

Le thé qu'a demandé cette jeune demoiselle arrivée

il y a une heure, et qui attend le révérend M. Sampton.

L'HOTE.

C'est juste. Demande-lui si elle passe la nuit ici ou si elle compte toujours repartir ce soir. Va.

LE GARÇON.

Voilà, tout est prêt comme vous l'avez dit.

L'HOTE.

C'est bien. Alors une bouteille de bière au conducteur, et une botte de foin et un picotin d'avoine au cheval.

LE GARÇON.

On y va.

Il sort.

L'HOTE, à la Femme de chambre, qui vient de rentrer.

Eh bien, part-elle ou reste-t-elle?

LA FEMME DE CHAMBRE.

Elle part aussitôt qu'elle aura vu M. Sampton.

Elle sort ainsi que les Garçons.

SCÈNE DEUXIÈME.

L'HOTE, seul.

Ah! ah! voilà qui est singulier... une jeune fille qui voyage seule avec un conducteur de voiture, qui arrive à six heures du soir et qui veut repartir à huit, qui ne dit pas son nom. Ah! pour cela, il est vrai que je ne le lui ai pas demandé; mais... Ah! ah! voici autre chose!...

SCÈNE TROISIÈME.

L'HOTE, LORD DUDLEY.

LORD DUDLEY, enveloppé d'un manteau et les bottes couvertes de poussière.

Eh! l'ami, est-ce toi le maître de cette auberge?

L'HOTE.

Oui, excellence, pour vous servir.

LORD DUDLEY.

Alors, écoute-moi, et viens ici.

L'HOTE.

J'écoute.

LORD DUDLEY.

Une jeune fille de dix-sept à dix-huit ans, avec des yeux noirs, des cheveux noirs, belle à ravir, voyageant seule dans une voiture avec une espèce de paysan, n'est-elle point descendue ici?

L'HOTE.

A l'instant même.

LORD DUDLEY.

Où est-elle logée?

L'HOTE.

Là.

LORD DUDLEY, montrant la porte du fond à droite.

Puis-je avoir cette chambre?

L'HOTE.

Elle est occupée depuis quatre jours par un jeune seigneur.

LORD DUDLEY.

Voudrait-il me la céder?

L'HOTE.

J'en doute, attendu que c'est une fort mauvaise tête.

LORD DUDLEY.

Mais peux-tu m'en donner une autre?

L'HOTE, montrant la porte du fond.

Je puis vous en donner une à l'extérieur.

LORD DUDLEY.

Je m'en contenterai. Tiens, voilà les arrhes.

Il lui donne deux guinées.

L'HOTE.

Deux guinées! merci, monseigneur. Si monseigneur a besoin de quelque chose, il peut commander. Monseigneur peut compter sur moi.

LORD DUDLEY.

Que cette chambre soit prête le plus tôt possible, voilà tout.

L'HOTE.

C'est bien, monseigneur; je vais veiller moi-même à ce que monseigneur soit obéi.

LORD DUDLEY.

Va.

SCÈNE QUATRIÈME.

LORD DUDLEY, seul.

Ah! cette fois, je vous tiens, je l'espère, ma belle inconnue, et vous ne me glisserez pas entre les doigts comme vous l'avez déjà fait deux fois. Ah! ma belle enfant, vous voyagez seule, comme une Angélique ou comme une Herminie, et vous voulez faire la prude! C'était bon du temps de Cromwell, cela; mais depuis que notre bon roi Charles II est remonté sur le trône, ces vertus-là ne sont plus de mise. Qu'est-ce que cela? tous les manants de l'endroit probablement.

CHOEUR de Péterscoff.

Allons, allons, allons,
   Garçons,
   Vite à boire!
  Buvons frais;
C'est le refrain des Écossais.
   En buvant
    Souvent,
Nous perdons la mémoire.
Plus d'ennui, de souci,
Le plaisir règne ici.

SCÈNE CINQUIÈME.

LORD DUDLEY, LES HABITUÉS, puis HALIFAX.

LES HABITUÉS, demandant.

Samuel, des cartes... Samuel, de la bière... Samuel, des échecs.

HALIFAX, entrant.

Samuel, du vin !... Ah! ah! nous avons joyeuse compagnie. Malheureusement, il n'y a ici que des manants. Décidément l'hôtellerie de maître Samuel est fort mal composée, je partirai demain. Ah! ceci du moins ressemble à une figure humaine!

Il va s'asseoir à la table de Dudley.

DUDLEY, levant la tête.

Pardon, monsieur; mais puis-je savoir à quoi je dois l'honneur que vous voulez bien me faire en prenant une place à cette table?

HALIFAX.

Voilà la chose, mon gentilhomme. Je suis en course dans ce canton pour affaire secrète et d'importance. Il y a trois ou quatre jours que j'habite cet hôtel. Je viens d'entrer dans cette salle avec l'intention d'y tuer le temps; j'en ai fait le tour, en regardant si j'y trouverais un visage à qui parler : des faces de croquants, voilà tout. Enfin, j'ai avisé dans un coin un personnage qui sent son gentilhomme d'une lieue, et je suis venu m'asseoir pour vous dire: — Eh bien, mais, comme nous sommes à peu près les seuls gens comme il faut qu'il y ait ici, faisons donc quelque chose. Causons, buvons ou jouons.

DUDLEY.

Diable! vous êtes de liaison facile, à ce qu'il paraît.

HALIFAX.

Que voulez-vous! quand on s'ennuie au fond d'une misérable province et qu'on a l'habitude de fréquenter la meilleure société de Londres, quand on se trouve en

ACTE I, SCÈNE V.

contact avec de pareilles gens, après avoir eu des rapports journaliers avec les Campbell, les Bolingbroke, les Dumbar...

DUDLEY.

Les Dumbar! Connaîtriez-vous sir John Dumbar?

HALIFAX.

Ah! ah! vous le connaissez donc vous-même?

DUDLEY.

Si je le connais! c'est mon intime ami.

HALIFAX.

C'est aussi le mien, et même le meilleur, le plus utile de mes amis. Entre nous, c'est un échange perpétuel de bons procédés. Toute sa vie se passe, ce cher sir John, à me demander des services, et toute ma vie se passe, moi, à les lui rendre. (A part.) Il est vrai qu'il me les paye.

DUDLEY.

Ah! vous êtes son ami...

DUDLEY.

Ah! mon Dieu, oui... quand je suis à Londres, il n'y a pas de jours que nous ne nous voyions.

HALIFAX.

Alors, à la santé de sir John Dumbar.

HALIFAX.

A sa santé, et que Dieu lui conserve son rang, ses faveurs et sa fortune... sa fortune surtout. Maintenant, mon gentilhomme, que nous avons causé, que nous avons bu, si nous jouïons un peu... qu'est-ce que vous en dites? voilà justement là des dés et des cornets qui s'ennuient à mourir.

DUDLEY.

Volontiers. Que jouons-nous?

HALIFAX.

Oh! quelques guinées, voilà tout.

DUDLEY.

Cela va. Aussi bien faut-il que j'attende ici.

HALIFAX.

Alors, cela se rencontre à merveille.

DUDLEY.

Voici mon enjeu.

HALIFAX.

Et moi, voici le mien.

DUDLEY, secouant les dés.

Vous avez raison, et vous devez cruellement vous ennuyer au fond de cette province. (Jetant les dés.) Sept.

HALIFAX.

Si je m'y ennuie! je le crois mordieu bien que je m'y ennuie. Heureusement il y a une chose qui me distrait. (Jetant les dés.) Huit.

Il prend l'argent et laisse un second enjeu.

DUDLEY, mettant à son tour son enjeu.

Laquelle?

HALIFAX.

Les gens de ce canton ne sont pas spirituels, c'est

vrai; mais en revanche ils sont horriblement bretailleurs... vous comprenez, cela frise l'Ecosse, et tous ces diables de gentilshommes des Highlands ont une tête...

DUDLEY.

De sorte que vous avez des querelles, et cela vous occupe. (Il secoue les dés.) Cinq.

HALIFAX.

Oui, j'en ai ordinairement une par jour; cependant, je dois dire que cette bonne occasion m'a manqué hier et aujourd'hui; je suis en retard, comme vous voyez. Heureusement qu'aujourd'hui n'est pas encore passé. (Amenant les dés.) Huit.

Il prend l'enjeu. Même mise en scène que ci-dessus.

DUDLEY.

Et vous vous tirez toujours sain et sauf de ces petites rencontres ?

HALIFAX.

Oui, à quelques égratignures près.

DUDLEY.

C'est du bonheur. (Amenant les dés.) Neuf.

HALIFAX.

Non; c'est de l'adresse. J'ai beaucoup voyagé, et en Italie un vieux professeur d'escrime m'a indiqué une petite botte florentine infaillible... Onze.

DUDLEY.

Ah! ah! et où avez-vous appris le lansquenet?

HALIFAX.

En France, cela; je l'ai joué cinq ou six fois avec le chevalier de Grammont, qui était de première force.

DUDLEY.

Oui. Dix.

HALIFAX.

Ah! vive Dieu! parlez-moi de la France... voilà un agréable pays... beau ciel, belles femmes et beaux joueurs. Douze.

DUDLEY.

Pardon.

HALIFAX.

Douze? voyez.

DUDLEY.

Oui, je vois bien... Vous devez être malheureux en amour, monsieur.

HALIFAX.

Pourquoi cela?

DUDLEY.

Parce que vous avez du bonheur au jeu.

HALIFAX.

Peuh!...

ACTE I, SCÈNE V.

DUDLEY.

Neuf.

HALIFAX.

Dix.

DUDLEY.

Je vous demande bien pardon, monsieur, mais il me semble que vous trichez.

HALIFAX.

C'est peut-être vrai, monsieur... (Il prend les dés et les lui jette à la figure.) Mais je n'aime pas qu'on me le dise.

DUDLEY, se levant.

Monsieur !

HALIFAX.

Quand je vous disais que nous n'étions pas à la fin de la journée, et que j'attraperais mon duel ?

DUDLEY.

Oui, monsieur, oui, vous le tenez ; soyez tranquille, et vous le tenez bien ; il ne vous échappera pas, je vous en réponds !

HALIFAX, portant la main à son épée.

A vos ordres, mon gentilhomme.

DUDLEY.

Non pas, s'il vous plaît ! vous aurez votre duel, mais avec une variante... Je me défie de la botte florentine.

HALIFAX.

A défaut de celle-là, j'en ai d'autres à votre service; qu'à cela ne tienne, monsieur.

DUDLEY.

Pardon; pour cette fois nous laisserons reposer votre épée; elle doit être fatiguée du service qu'elle a fait depuis quinze jours, et nous nous battrons...

HALIFAX.

A quoi?

DUDLEY.

Au pistolet, si vous le voulez bien.

HALIFAX.

Moi, je veux tout ce qu'on veut.

DUDLEY.

Oui, vous êtes beau joueur, je sais cela. Samuel, allez chercher les pistolets que vous trouverez dans la voiture.

SAMUEL.

Mais, monseigneur...

DUDLEY.

Allez... Il y en a justement un de chargé et l'autre qui ne l'est pas.

HALIFAX.

Tiens, comme cela se trouve!

DUDLEY.

Nous marcherons l'un sur l'autre.

HALIFAX.

Et nous tirerons à volonté ; cela me va.

DUDLEY.

Seulement, je vous préviens que la balle n'est pas pipée.

SAMUEL.

Voici les pistolets demandés, monseigneur.

DUDLEY.

Merci. Maintenant, monsieur, si vous voulez me suivre...

HALIFAX.

Où cela ?

DUDLEY.

Dehors... dans la cour, dans le jardin.

HALIFAX.

Vous êtes fou, mon cher, il fait nuit comme dans un four... pour nous éborgner, non, ma foi ! je tiens à ma figure, moi !... et puis il pleut à verse, et cela empêcherait vos amorces de brûler : sans compter que cela souillerait nos pourpoints.

DUDLEY.

Eh bien, où nous battrons-nous, alors ?

HALIFAX.

Mais ici, si vous voulez; il y fait chaud, on y est à couvert, on y voit comme en plein jour; nous serons à merveille, sans compter que nous aurons des témoins qui pourront attester que tout s'est passé dans les règles.

DUDLEY.

Soit.

SAMUEL.

Comment! dans cet appartement? vous voulez vous battre dans cet appartement?

HALIFAX.

Dites donc, il appelle cela un appartement, lui!..... Sois tranquille, mon brave homme; si l'on te casse tes glaces, tu les mettras sur la carte, et on te les payera.

SAMUEL.

Mais je ne puis pas permettre...

DUDLEY, fouillant à sa poche.

Tu permettras tout ce qui nous plaira.

SAMUEL.

Mais je ne dois pas souffrir...

HALIFAX, fouillant à sa poche.

Tu souffriras tout ce qui nous sera agréable.

TOUS DEUX, lui donnant ensemble chacun une pièce d'or, qu'il reçoit de chaque main.

Tiens!

SAMUEL.

Allons, vous faites de moi ce que vous voulez.

DUDLEY.

Arrière, messieurs. (Tous les habitués se reculent jusqu'au fond du théâtre. Présentant les pistolets par la crosse à Halifax.) **Maintenant, si vous voulez bien choisir.**

HALIFAX.

C'est fait, monsieur. Ah! ah! vous avez là de jolies armes. Si jamais vous aviez l'idée de vous en défaire, pensez à moi, je vous prie; je suis amateur.

DUDLEY, qui s'est reculé jusqu'à l'avant-scène à droite.

Je vous attends, monsieur.

HALIFAX.

Pardon, je suis à vous. (Il recule jusqu'à l'angle le plus éloigné à gauche du spectateur; puis, au milieu du plus profond silence, ils marchent l'un sur l'autre; après avoir fait le tiers du chemin, Dudley tire, son pistolet rate.) **Ah! il paraît que j'ai pris le bon.** (Il continue de s'avancer vers Dudley, lui pose le pistolet sur la poitrine, puis levant tout à coup le pistolet.) **Deux mots, s'il vous plaît, mon gentilhomme.**

DUDLEY.

Voyons, dites vite et finissons-en.

HALIFAX.

En se pressant, on fait mal les choses. Croyez-en le proverbe italien : *Che va piano, va sano.* Venez ici et causons.

SAMUEL, s'approchant.

Eh bien, qu'y a-t-il donc?

HALIFAX.

Mon brave homme, laissez-nous tranquilles, je vous prie; nous parlons d'affaires.

SAMUEL, s'éloignant.

Ah!

HALIFAX, à Dudley.

Monsieur, mon avis est que la balle qui est dans ce pistolet vaut deux cents livres sterling, et même qu'à ce prix elle n'est pas chère.

DUDLEY.

Que voulez-vous dire?

HALIFAX.

Je veux dire que la balle qui est dans ce pistolet est à vendre, que j'en demande deux cents livres sterling, et que je prétends que ce n'est pas trop cher.

DUDLEY.

Ah! je comprends.

HALIFAX.

Eh bien, que dites-vous du prix?

DUDLEY.

Je dis que si votre opinion est qu'elle les vaut, ce n'est pas à moi à vous contredire.

HALIFAX.

Ainsi donc, pour deux cents livres sterling...

DUDLEY.

Je la prends, monsieur ; suivez-moi, je vais vous les compter.

HALIFAX, à part.

J'aurais dû lui demander cinq cents guinées... j'ai été trop grand.

DUDLEY, à part.

Eh bien, voilà un effronté coquin... mais au moins il est brave. (Haut.) Venez, monsieur, venez.

Ils sortent.

LES HABITUÉS.

Et nous, suivons-les ; bien heureux que la chose se soit passée ainsi.

Ils sortent à leur tour.

SAMUEL.

Que diable ont-ils pu se dire tout bas ?... et qu'est-ce que cela signifie ?... Ils marchent l'un sur l'autre pour s'égorger, et ils s'en vont en se tenant par-dessous le bras... Enfin... ah ! c'est vous, monsieur Sampton ?

SCÈNE SIXIEME.

L'HOTE, M. SAMPTON.

SAMPTON.

Oui, mon ami... oui, c'est moi... n'avez-vous pas chez vous...

SAMUEL.

Je sais ce que vous cherchez... une jeune fille, n'est-ce pas... dix-sept ou dix-huit ans?

SAMPTON.

C'est cela.

SAMUEL.

Arrivée il y a vingt minutes?

SAMPTON.

C'est cela.

SAMUEL.

Et qui repart dans une heure?

SAMPTON.

C'est cela.

SAMUEL.

Eh bien, je vais la faire prévenir que vous êtes ici.

SAMPTON.

J'attends.

SAMUEL.

Mary, prévenez la jeune demoiselle que monsieur Sampton attend son bon plaisir, et demandez-lui si elle le recevra dans sa chambre ou si elle passera ici.

LA FEMME DE CHAMBRE.

J'y vais, monsieur.

SAMUEL.

Dites donc, monsieur Sampton, savez-vous que si l'on avait une mauvaise langue, on ferait de drôles de conjectures sur une jeune fille de dix-huit ans qui voyage comme cela toute seule ?

SAMPTON.

Et l'on aurait tort, mon cher Samuel, car elle se rend à l'invitation que je lui ai faite moi-même.

SAMUEL.

Alors, vous la connaissez donc?

SAMPTON.

Je ne la connais pas; mais j'ai connu sa mère, et sa mère en mourant m'a chargé de lui remettre un collier auquel est attaché un secret de famille.

SAMUEL.

Ah!... vraiment... et ce secret?...

SAMPTON.

Mon cher Samuel, j'ai dit tout ce que je pouvais dire, ne m'en demandez pas davantage; d'abord je ne sais rien de plus.

LA FEMME DE CHAMBRE, rentrant.

La jeune demoiselle attend monsieur Sampton.

SAMPTON, passant dans la chambre.

C'est bien... merci.

Il sort.

SAMUEL, seul.

Oh! il n'en sait pas plus... il n'en sait pas plus... cela lui plaît à dire, et je suis bien certain que s'il voulait parler...

DUDLEY, entrant et lui frappant sur l'épaule.

Mon cher hôte...

SAMUEL.

Ah! pardon, milord.

DUDLEY.

Êtes-vous seul?

SAMUEL.

Oui, pour le moment.

DUDLEY.

Comment, pour le moment... vous attendez donc quelqu'un ici?...

SAMUEL.

J'attends le révérend père Sampton, qui est entré chez notre voyageuse, et qui va en sortir.

DUDLEY.

Bien... Voulez-vous gagner vingt livres sterling?

SAMUEL.

Ça ne se refuse pas.

DUDLEY.

Eh bien, sortez avec lui, et quelque bruit que vous entendiez, ne vous dérangez pas.

SAMUEL.

Mais, milord, quelle est votre intention?

DUDLEY.

Oh! vous êtes trop curieux, mon cher Samuel... Tenez, voilà vos vingt livres sterling ou à peu près... Vous vous amuserez à les compter pendant que je resterai ici... cela vous occupera.

SAMUEL.

Milord, je suis reconnaissant...

DUDLEY.

C'est bien... et moi aussi... Silence!

SAMUEL, à Sampton, qui sort.

Eh bien, monsieur Sampton, avez-vous accompli votre mission?

SAMPTON.

Oui, mon cher Samuel, et notre jeune demoiselle vous prie de faire mettre le cheval à la voiture, et de faire prévenir le conducteur de se tenir prêt à partir.

SAMUEL.

C'est bien, monsieur Sampton; je vais sortir avec vous pour exécuter ses ordres.

Ils sortent.

DUDLEY.

Partir... oh! pas encore... ma belle enfant, pas encore, s'il vous plaît... ma foi, ce maraud avait raison, ma vie, estimée à deux cents livres sterling, ce n'était pas cher, et j'en donnerais volontiers le double pour que cette charmante enfant consentît à m'aimer... Allons... on n'entend plus le moindre bruit... (Il éteint la lumière, la scène reste dans l'obscurité.) Entrons. (Ouvrant la porte.) Pardon, ma belle enfant! Pardon!

Il entre.

UNE VOIX, dans la coulisse.

Au secours! à l'aide! à moi!

DUDLEY.

Ah! vous pouvez crier tant qu'il vous fera plaisir, ma Lucrèce... personne ne viendra.

HALIFAX, entrant par la porte de sa chambre.

Vous vous trompez, milord!

DUDLEY, lâchant Anna et se retournant.

Hein?

<small>Anna se sauve, mais en se sauvant, elle laisse tomber le collier.</small>

HALIFAX.

Pardon, pardon, mon enfant, vous laissez tomber quelque chose... Halte-là, milord!... Mademoiselle! Eh!... ma foi, elle est loin!

DUDLEY.

Laissez-moi passer, monsieur.

HALIFAX.

Pourquoi faire? pour courir après elle?... non, non... non pas, s'il vous plaît... fi donc! monseigneur, faire violence à une femme sans protection, sans défense!... Ah! ce n'est pas d'un gentilhomme!

DUDLEY.

Comment, misérable, c'est toi qui oses me faire de la morale?

HALIFAX.

Et il y a plus, milord, je vous forcerai de la mettre en action! Oh! je sais ce que je suis... Je joue peut-être un peu adroitement; mais vous savez bien que cela est reçu, par le temps qui court... D'ailleurs, je suis beau joueur, vous en conviendrez... Enfin, j'ai tous les défauts que vous voudrez; mais je n'ai pas celui d'être un lâche, et je vous le dis: c'est une lâcheté que d'abuser de la faiblesse d'une femme.

DUDLEY.

Allons! allons! assez, drôle; et laisse-moi passer!...

HALIFAX.

Je vous ai déjà dit que vous ne passeriez pas.

DUDLEY.

Mais tu ne sais donc pas à qui tu parles?

HALIFAX.

Cela m'est pardieu bien égal!

DUDLEY.

Je suis lord Dudley, pair d'Angleterre!... et je t'ordonne de me laisser passer.

HALIFAX.

Eh bien, moi, je suis Halifax, intendant de sir John Dumbar, et je vous dis que vous ne passerez pas!

DUDLEY, tirant son épée.

Eh bien donc, puisque tu m'y forces....

HALIFAX.

Je n'avais pas eu de duel hier, cela fait mon second d'aujourd'hui; la balance est rétablie... En garde, monseigneur, et tenez-vous bien!

Au moment où les deux hommes croisent l'épée, la toile tombe.

ACTE PREMIER.

Le jardin de l'hôtellerie de la *Rose blanche*.

SCENE PREMIERE.

TOM RICK, LE FACTEUR.

On sonne à la porte.

TOM RICK, allant à la porte.

On y va, on y va... Ah! c'est vous, facteur? qu'est-ce que vous apportez?

LE FACTEUR.

Une lettre!

TOM RICK.

Pour moi?...

LE FACTEUR.

Non, pour mademoiselle Anna.

TOM RICK.

Elle n'est pas ici, elle est à la messe avec sa sœur miss Jenny... mais c'est égal, donnez toujours, je la lui remettrai.

LE FACTEUR.

Tenez.

TOM RICK.

Vous doit-on quelque chose?

LE FACTEUR.

Un schelling; elle vient de Londres.

TOM RICK.

Elle vient de Londres! comment, cette lettre-là vient de Londres?... Voilà votre schelling... De Londres!

LE FACTEUR.

Directement. Dites donc, Tom, est-ce que vous connaissez chez lord Clarendon, au château qui est à un mille d'ici, un certain sir John Dumbar?

TOM RICK.

Ah! oui, un vieux marquis, un vieux comte, un vieux baron; il y est depuis quatre jours..

LE FACTEUR.

Ah! c'est que voilà une lettre qui court après lui, et

qui peut se vanter d'avoir fait du chemin, elle vient d'Écosse... Elle a été à Londres, et de Londres elle revient ici; heureusement qu'il y a *pressé* dessus.

TOM RICK.

Comment, elle vient de Londres aussi, celle-là?

LE FACTEUR.

Oh! mon Dieu, oui!... Ainsi je trouverai sir John Dumbar au château de lord Clarendon, vous en êtes sûr?

TOM RICK.

Tiens, si j'en suis sûr, je l'y ai vu encore ce matin.

LE FACTEUR.

En ce cas, j'y vais!

SCÈNE DEUXIÈME.

TOM RICK, seul, puis ANNA et JENNY.

TOM RICK.

Quand on pense que voilà une lettre qui n'est qu'un simple morceau de papier plié en quatre, et qui vient de Londres, tandis que moi, depuis cinq ans que je dessèche d'envie d'y aller, à Londres, je n'en peux pas venir à bout !... Oh! mais j'irai un jour à Londres... il n'y a que soixante milles d'ici à Londres, et avec une paire de jambes comme celles-là... mais entre deux soleils, j'y serai à Londres.

Anna et Jenny entrent. Anna donne son livre et sa mante à Jenny, qui les porte dans l'intérieur de l'hôtel, tandis qu'elle s'approche de Tom Rick.

ANNA.

Et que feras-tu à Londres, imbécile?

TOM RICK.

Ce que j'y ferai, miss Anna, ce que j'y ferai? ma fortune... D'ailleurs, c'est comme cela, les jolis garçons font toujours fortune à Londres. Tenez, Jack... vous vous le rappelez bien Jack?

ANNA.

Non.

ACTE I, SCÈNE II.

TOM RICK.

C'est possible, attendu qu'il avait quitté le pays avant que vous y vinssiez... Eh bien, Jack, il n'était pas si joli garçon que moi, il s'en faut... d'abord il avait trois pouces de plus, et puis des cheveux noirs, ce qui est fort laid.

ANNA.

Merci!

TOM RICK.

Pour un homme... c'est fort joli pour une femme; et puis un petit nez, ce qui est fort laid encore, et puis avec tout cela, mal bâti, des épaules larges comme cela... une taille mince comme cela... des petites mains, des petits pieds! peuh!... Eh bien! ça n'empêche pas qu'il a tourné la tête à une duchesse.

ANNA.

Niais!...

TOM RICK.

Niais tant que vous voudrez, mais c'est la vérité pure, la vérité du bon Dieu. Il était dans le parc Saint-James, une duchesse passait dans sa voiture... elle l'a regardé du coin de l'œil, elle s'est informée où il demeurait, elle lui a envoyé sa femme de chambre... oui, oui, oui, sa femme de chambre, qui lui a dit de venir le lendemain, qui l'a fait entrer par une petite porte, qui l'a introduit près de sa maîtresse, et après qu'ils ont eu causé un instant en tête-à-tête comme nous causons là, la duchesse lui a dit : Mon ami, tu me conviens, et elle l'a logé dans le même hôtel qu'elle, elle lui a donné un bel habit galonné, et elle l'a fait monter derrière sa voiture !... Ah !...

ANNA.

C'est-à-dire qu'elle l'a pris pour son domestique.

TOM RICK.

Pour son domestique, fi donc! pour son laquais, entendez-vous? Oh Dieu! oh Dieu! quand donc pourrai-je aller à Londres?... Ah! tiens, tiens, cela me fait penser que voilà une lettre pour vous qui en vient, de Londres.

ANNA.

Une lettre pour moi ?

TOM RICK.

Ah! mon Dieu, oui, c'est un schelling que vous me devez.

ANNA.

Oh ! c'est d'Arthur !

TOM RICK.

Plaît-il ?...

ANNA.

Rien.

TOM RICK.

C'est que vous avez dit comme cela : Oh! c'est d'Arthur !

ANNA.

C'est bon, va-t'en à tes affaires.

TOM RICK, à Jenny, qui se rapproche.

Dites donc, elle a reçu une lettre de monsieur Arthur.

JENNY.

Vraiment!...

ANNA, à Jenny.

Oui.

JENNY.

Eh bien, son oncle?...

ANNA.

Il ne l'a pas trouvé, mais enfin, il a appris qu'il était ici, chez lord Clarendon.

JENNY.

Oh! mon Dieu, est-ce que ce serait ce vieux sir John qui me tourmente tant?

TOM RICK.

Sir John Dumbar, c'est bien cela; je lui ai demandé ce matin s'il voulait m'emmener à Londres.

JENNY, à Anna.

Et a-t-il quelque espoir?

ANNA.

Oui, il me dit qu'il vient de mener à bien plusieurs

affaires qui intéressent sa famille, et que, malgré l'antipathie incroyable que son oncle s'acharne à conserver contre lui, il espère le fléchir ; aussi, il ajoute qu'il part en même temps que sa lettre pour lui tout avouer et qu'il sera aussitôt qu'elle ici.

JENNY.

Ainsi, il va venir?

ANNA.

Oui, mais surtout, ma bonne Jenny, qu'il ne sache rien de cette horrible aventure de l'hôtellerie de Stilton?

JENNY.

Sois tranquille, rien ne troublera votre bonheur, c'est si bon de revoir les gens qu'on aime!

Elle soupire.

TOM RICK, à demi-voix et d'un air fin.

Cœur qui soupire
N'a pas ce qu'il désire.

JENNY, tressaillant.

Que voulez-vous dire, Tom Rick?

TOM RICK.

C'est bon, c'est bon, je m'entends... c'est tout ce qu'il faut.

ANNA.

Allez à votre besogne, Tom Rick.

TOM RICK.

Tiens, c'est aujourd'hui dimanche, je n'en ai pas, de besogne, je me croise les bras.

ANNA.

Eh bien, alors, tenez-vous assez loin de nous pour ne pas entendre ce que nous disons.

TOM RICK.

Oh! vos secrets, vos secrets!... on les sait... vous aimez monsieur Arthur, quoi! et mademoiselle Jenny aime un inconnu; les voilà, vos secrets.

JENNY, d'un ton sévère.

Tom Rick!

TOM RICK.

Oui, mademoiselle, oui, mademoiselle, je m'en vais; je n'ai pas dit cela pour vous fâcher, mademoiselle Jenny; mais c'est mademoiselle Anna qui m'appelle toujours imbécile, au lieu de m'appeler par mon nom de baptême, Tom, ou par mon nom de famille, Rick; mais du moment où vous me priez de m'en aller, mademoiselle Jenny, je m'en vais!... (Il s'approche de la porte.) Je m'en vais!... Tiens, monsieur Arthur!... Oh! il arrive à cheval au grand galop! Bonjour, monsieur Arthur, bonjour!... Attendez, attendez, je vais tenir votre cheval... là!...

ANNA.

Ah! mon Dieu, c'est lui, Jenny!... Arthur! mon Arthur!

SCÈNE TROISIEME.

Les mêmes, ARTHUR.

ARTHUR.

Anna, chère Anna!... bonjour, bonne petite Jenny; vous m'avez donc gardé mon Anna toujours belle, toujours fraîche, toujours jolie?... (A Anna.) Eh bien! je vous l'ai dit, Anna, je n'ai pas vu mon oncle. Vous avez reçu ma lettre, n'est-ce pas?

ANNA.

La voici!

ARTHUR.

Mais je n'en espère pas moins qu'il consentira à notre union!... (Bas.) Vous n'avez dit à personne que nous étions mariés?

ANNA.

Pas même à Jenny!

ARTHUR.

Bien, bien, chère Anna!

JENNY, les regardant et essuyant une larme.

O James! James!

ANNA.

Et quand parlerez-vous à votre oncle?

ARTHUR.

Aujourd'hui même; il est chez lord Clarendon : or, quoique les principes de mon oncle soient tout différents des siens, comme lord Clarendon est tout-puissant, de temps en temps sir John Dumbar vient lui faire sa cour.

TOM RICK.

Oh! à propos de sir John Dumbar, j'oubliais : il m'a dit ce matin de vous prévenir qu'il viendrait déjeuner ici à onze heures précises, et comme il est midi un quart, je crois qu'il n'y a pas de temps à perdre.

JENNY.

Tom Rick, va chercher le déjeuner; moi, je vais m'occuper de mettre le couvert.

ARTHUR.

Très-bien, alors; quand mon oncle déjeune, c'est le bon moment pour le prendre; j'attendrai qu'il soit à table, je me présenterai devant lui.

ANNA.

Et moi...

JENNY.

Toi?... toi, Anna!... occupe-toi d'être heureuse.

ANNA.

Heureuse !... Ah ! j'ai bien peur...

JENNY.

De quoi ?...

ANNA.

Que sir John Dumbar ne donne jamais son consentement au mariage de son neveu avec une pauvre petite paysanne.

TOM RICK.

Alerte ! alerte ! voilà l'oncle !

ARTHUR.

Où cela ?

TOM RICK.

Au bout du chemin ; il descend la petite colline, dans cinq minutes il sera ici.

ARTHUR.

Ne te montre pas.

ANNA.

Pourquoi ?

ARTHUR.

Mon oncle est un vert galant ; il n'aurait qu'à devenir amoureux de toi.

ANNA.

Oh ! il n'y a pas de danger, il a eu meilleur goût que son neveu.

ARTHUR.

Comment cela?...

ANNA.

C'est à Jenny qu'il fait la cour.

ARTHUR.

Vraiment! qu'elle y prenne garde : pour arriver à ce qu'il désire, sir John est capable de tout.

TOM RICK, qui a regardé à la porte.

Il approche... il approche, le vieux!

JENNY.

Éloignez-vous; et toi, Tom, vite à la cave, et monte une bouteille du meilleur vin que nous ayons... à gauche en entrant.

TOM RICK.

Soyez tranquille; je sais où il est, le meilleur vin que nous... que vous ayez.

ENSEMBLE.

Air : *du Portrait du Diable.*

TOM RICK.

>Le voici, partons vite,
>Pour qu'il soit mieux servi;
>Bon repas et bon gîte
>Doivent l'attendre ici.

ACTE III, SCÈNE X.

ANNA.

Le voici, partons vite,
Je te laisse avec lui,
Mais la crainte m'agite
Pour ma chère Jenny.

ARTHUR.

Le voici, partons vite,
Pour qu'il soit mieux servi ;
Car la crainte m'agite
Quand je suis devant lui.

JENNY.

Le voici, partez vite ;
En demeurant ici,
Nul trouble ne m'agite ;
Je n'ai pas peur de lui.

SCENE QUATRIEME.

JENNY, seule, puis SIR JOHN DUMBAR.

JENNY.

Anna m'a dit de me défier de sir John Dumbar; que puis-je avoir à craindre? Ne suis-je pas sur les terres et sous la protection de lord Clarendon, le ministre de Charles II, l'homme le plus vertueux de l'Angleterre?... et, certes, lord Clarendon ne permettrait pas...

SIR JOHN, embrassant Jenny.

Que je t'embrasse... Eh bien! je t'embrasserai sans sa permission, voilà tout.

JENNY.

Oh? monsieur!

SIR JOHN.

Eh bien! quoi, toujours sévère!... Qu'est-ce que c'est donc que ces principes-là? morbleu!... C'était bon du temps de l'usurpateur, quand les hommes chantaient vêpres toute la journée, et que les femmes portaient des robes de religieuses; maintenant qu'on ne chante plus vêpres que de deux à quatre heures, tout le reste du temps il faut bien chanter autre chose, et du moment que les femmes montrent leur cou et leurs bras, c'est pour qu'on les embrasse, il me semble.

JENNY.

Quand mon mari me dira ce que vous me dites là, je trouverai qu'il a parfaitement raison, monseigneur.

SIR JOHN.

Petite folle que tu es, de t'enterrer dans une mauvaise hôtellerie de village, quand je t'offre un hôtel dans le plus beau quartier de Londres; mais tu détestes donc la capitale, petite sauvage?

JENNY.

Non, je serais enchantée de voir Londres, au contraire, et si jamais je me marie et que mon mari veuille m'y conduire, je l'y suivrai avec le plus grand plaisir.

SIR JOHN.

Et en attendant, nous préférons les robes de toile aux robes de soie, les fleurs aux diamants; en attendant, nous trottons à pied quand nous pourrions nous faire traîner dans une belle voiture; je croyais qu'il n'y avait plus que mon coquin de neveu qui fût puritain dans toute l'Angleterre... Heim! nous méprisons donc les robes de soie?... nous méprisons donc les diamants?... nous méprisons donc les voitures?

JENNY.

Au contraire, monseigneur, et quand ce sera un mari

qui m'offrira toutes ces belles choses, j'avoue que je les accepterai avec le plus grand plaisir.

SIR JOHN.

Un mari ! toujours un mari !... ces petites filles n'ont que ce mot-là à la bouche... vous croyez donc que c'est bien amusant un mari ?... non, non ; ce qu'il te faut à toi, petite, c'est un amant riche, magnifique, qui fasse de toi la femme la plus élégante de l'Angleterre, comme tu en es déjà la plus jolie.

JENNY, se reculant, faisant la révérence, et lui montrant la table.

Vous êtes servi, monseigneur.

Elle se retire.

SIR JOHN.

Où diable la vertu va-t-elle se nicher !

Il s'assied à la table.

TOM RICK, entrant.

Monseigneur, voilà du vin dont vous me direz des nouvelles ; de plus, voilà une lettre qui a fait un petit peu de chemin ; elle vient d'Écosse, elle a été à Londres, elle est revenue de Londres ici ; d'ici elle a été au château ; enfin la voilà, le facteur vient de me la remettre ; il est passé par un chemin tandis que vous veniez par l'autre ; il paraît qu'elle est très-pressée, monseigneur. (A part.) A présent, allons prévenir monsieur Arthur ; je crois que c'est le bon moment.

SIR JOHN.

L'écriture de Dudley; comme elle est tremblée! Qu'est-ce que cela signifie? voyons!... «Mon cher Dum-
« bar, dans un duel sans témoins, j'ai été blessé mor-
« tellement par un drôle nommé Halifax... » Halifax!...
« qui m'a passé au travers du corps l'épée qu'il n'a pas
« le droit de porter; comme cet homme est à votre ser-
« vice, je m'adresse à vous, mon meilleur ami, pour
« obtenir vengeance de sa majesté; et maintenant, je
« meurs plus tranquillement, dans l'espérance que ce
« drôle recevra le châtiment qu'il mérite... Je vous
« supplie donc de le faire pendre aussitôt qu'il vous
« tombera sous la main; c'est le dernier vœu de votre
« ami... Dudley. » (Parlant). Lui, Dudley, tué en duel, et par Halifax!... Le faquin se sera permis de jouer au gentilhomme; il aura employé à courir les tavernes l'argent que je lui ai remis pour chercher ma fille... Et voilà comme je suis entouré : d'un côté ce drôle qui me ruine, de l'autre un maraud de neveu que je déteste, un hypocrite qui fait le bon sujet, un insolent qui ne me donne pas une seule occasion de le chasser, un misérable qui a toutes les vertus, un gueux qui ne fait pas un sou de dettes, et que j'enrage de ne pouvoir déshériter, car tout le monde m'en blâmerait... Pourtant, si ce qu'on m'a dit était vrai, lui aussi aurait eu une rencontre et avec le fils de lord Bolingbroke même!... Nous verrons comment vous vous laverez de celle-là, sir Ar-

thur! Ah! ah! ah!... Quant à vous, maître Halifax, je vous tiens, et vous n'avez désormais qu'à marcher droit. Mon pauvre Dudley!... A ta mémoire, mon pauvre ami!

Il boit.

ARTHUR, qui vient d'entrer sur la fin de cette phrase.

Le voici!

SIR JOHN.

Oh! oh! voilà de fameux vin... Tom Rick!

SCENE CINQUIÈME.

SIR JOHN, SIR ARTHUR.

SIR ARTHUR.

Désirez-vous quelque chose, mon oncle? je suis à vos ordres.

SIR JOHN.

Ah! c'est vous, monsieur! et que faites-vous ici, s'il vous plaît?

SIR ARTHUR.

Je vous cherche, mon oncle!

SIR JOHN.

Ah! vous me cherchez! vous me cherchez dans le Yorkshire quand je vous ai chargé de terminer à Londre les affaires les plus importantes!

SIR ARTHUR.

Elles sont terminées, mon oncle!

SIR JOHN.

En huit jours ; vous avez dû faire de belle besogne.

SIR ARTHUR.

J'ai fait de mon mieux, mon oncle, et j'espère que vous serez content.

SIR JOHN, à part.

Vous verrez que le malheureux aura réussi en tout!... (A sir Arthur). Vous vous taisez!

SIR ARTHUR.

J'attends que vous m'interrogiez, mon oncle!

SIR JOHN.

Oui, fais le respectueux! va, je te le conseille... Eh bien, voyons, monsieur, ce procès avec mon fermier, Simon Damby, que je vous ai chargé d'arranger à l'amiable, afin que mon nom ne paraisse pas devant un tribunal.

SIR ARTHUR.

J'ai vu moi-même Simon Damby, mon oncle; je lui ai fait lire toutes les pièces qui constatent votre propriété, il a reconnu qu'il avait tort, et il vous offre une indemnité.

SIR JOHN.

Ah! il reconnaît qu'il a tort! ah! il m'offre une indemnité... Et que m'offre-t-il? quelque misère...

SIR ARTHUR.

Vous m'avez dit de terminer avec lui à trois cents livres sterling, mon oncle.

SIR JOHN.

Certainement que je me le rappelle ; aussi j'espère que vous n'avez pas eu l'audace de terminer avec lui à moins de trois cents livres sterling.

SIR ARTHUR.

J'en ai obtenu six cents, mon oncle.

SIR JOHN.

Oui, qu'il ne paiera pas.

SIR ARTHUR.

Elles sont déposées chez votre homme de loi ; voilà son reçu.

SIR JOHN.

Voilà son reçu, voilà son reçu... eh bien, oui, voilà son reçu... mais après...

SIR ARTHUR.

Comment après, mon oncle ? mais m'aviez-vous donc chargé d'autre chose.

SIR JOHN.

Non, non... mais je sais ce que je veux dire ; qu'est-ce que c'est qu'une rencontre que vous avez eue à Windsor avec le fils de lord Bolingbroke ?

SIR ARTHUR.

Comment ! vous savez, mon oncle...

SIR JOHN.

Oui, je sais de vos nouvelles, monsieur le drôle; quelque querelle de jeu, quelque rivalité de femme... quelque dispute de cabaret.

SIR ARTHUR.

Mon oncle, permettez-moi, je vous prie, de garder le silence sur les causes de ce duel.

SIR JOHN.

Oui, quelque cause honteuse que vous n'osez pas dire?

SIR ARTHUR.

La cause est honorable, mon oncle... mais cependant excusez-moi, je dois la taire.

SIR JOHN.

Ah! vous devez la taire? et si je ne veux pas que vous la taisiez, si je vous ordonne de me raconter ce qui s'est passé, si j'exige la vérité tout entière?

SIR ARTHUR.

Je vous obéirai, mon oncle, car mon devoir avant tout est de vous obéir.

SIR JOHN.

Obéissez donc, monsieur... car je vous ordonne de me dire la cause de cette querelle.

ACTE II, SCÈNE V.

SIR ARTHUR.

Eh bien! mon oncle, lord Bolingbroke vous avait publiquement calomnié... calomnié à la cour... calomnié devant le roi, et comme je ne pouvais pas demander satisfaction à un vieillard, j'ai été la demander à son fils !

SIR JOHN.

Hum !... et qu'avait-il dit, monsieur, lord Bolingbroke ?

SIR ARTHUR.

Il avait dit, mon oncle, que, pendant votre fuite avec le roi, quand vous vous cachiez de château en château et de chaumière et chaumière... il avait dit que vous aviez eu une fille... une fille que vous aviez abandonnée depuis... une fille de l'existence de laquelle vous ne vous étiez pas même informé à votre retour, et moi j'ai été dire à son fils, sir Henri : Votre père a essayé d'attaquer l'honneur de notre maison, et votre père en a menti !... Alors nous nous sommes battus.

SIR JOHN.

Et vous avez eu tort de vous battre, monsieur. Oui, j'ai une fille... je le dis hautement... une fille charmante que je ne connais pas... mais cela ne fait rien... que je n'ai jamais vue, mais n'importe, monsieur... une fille que j'adore, entendez-vous ?... une fille à la recherche de laquelle je suis depuis... depuis quinze ans..... une fille a qui je laisserai toute ma fortune!... Ah!

SIR ARTHUR.

Mais c'est trop juste, mon oncle; comment! j'aurais une cousine... une cousine jeune, jolie, sans doute... bonne certainement?

SIR JOHN.

Oui, mais qui ne sera pas pour vous, monsieur, entendez-vous?... car c'est déjà bien assez que vous soyez mon neveu, monsieur le redresseur de tort... monsieur le fier à bras... monsieur le don Quichotte.

SIR ARTHUR.

Mais, mon oncle!

SIR JOHN.

Taisez-vous, tenez, taisez-vous... Aller donner un coup d'épée à ce pauvre jeune homme, parce que son père, lord Bolingbroke, mon honorable ami, a dit que j'avais une fille!

SIR ARTHUR.

Non, mon oncle, ce n'est pas parce qu'il a dit que vous aviez une fille, mais parce qu'il a ajouté que vous étiez un mauvais père... parce qu'il a dit que vous aviez renié votre enfant, parce qu'il a dit...

Halifax paraît à la porte de la rue, et Jenny à la porte de l'hôtellerie.

ACTE II, SCÈNE V.

SIR JOHN.

Et vous osez répéter de pareilles calomnies devant moi?... Allez, monsieur, allez, je vous chasse... et Dieu me damne... je ne sais à quoi tient que...

SCÈNE SIXIÈME.

Les précédents, HALIFAX, JENNY.

JENNY, entrant par la droite.

Quel est ce bruit?

HALIFAX.

Tout beau, mon gentilhomme, tout beau; le jeune homme a fait des sottises, eh! qui n'en fait pas?... il faut bien que notre jeunesse se passe à nous autres grands seigneurs.

SIR JOHN, se retournant.

Halifax!

ENSEMBLE.

Air *du quadrille du Diable boiteux.*
Dieu, qu'ai-je vu! c'est monseigneur!
A son aspect je meurs de peur!
La colère
L'exaspère,
Tâchons d'éviter sa fureur.

SIR JOHN et ARTHUR.

Ah! c'est trop fort, sur mon honneur!
Quoi! ce coquin joue au seigneur!
La colère
L'exaspère.
M'

ACTE II, SCÈNE VI.

Qu'il craigne tout de $\frac{\text{ma}}{\text{sa}}$ fureur.

JENNY.

Eh quoi! c'est lui! Dieu! quel bonheur!
Quel espoir agite mon cœur!
    Du mystère,
      Et j'espère
Avoir le prix de mon ardeur.

JENNY.

O mon Dieu! je ne me trompe pas!

SIR JOHN, arrêtant.

Ah! je te tiens enfin, drôle!

HALIFAX, cherchant à se dégager.

Pardon, pardon, monseigneur; je vois que j'ai eu tort de vous déranger... vous éprouvez le besoin d'étrangler quelqu'un, c'est très-bien; mais si ça vous était égal de reprendre monsieur votre neveu, ça m'obligerait!

SIR JOHN.

Silence!... (Aux autres.) Et qu'on me laisse.

HALIFAX, s'éloignant.

Je ne demande pas mieux!... Monseigneur, j'ai bien l'honneur de vous saluer.

SIR JOHN.

Veux-tu bien rester?

HALIFAX.

Je croyais que monseigneur avait dit : — Qu'on me laisse.

SIR JOHN.

Qu'on me laisse avec toi !

HALIFAX.

C'est différent! Je reste ; mais si vous teniez à être seul, il ne faudrait pas vous gêner.

JENNY.

Ah! oui, c'est lui, c'est bien lui ; je le revois, après cinq ans...

SIR JOHN.

Vous, monsieur mon neveu, retournez à Londres et attendez-y mes ordres.

ARTHUR.

J'obéis, mon oncle !

JENNY.

Pas un mot, pas un regard !... Il ne me reconnaît même pas !

REPRISE DE L'ENSEMBLE.

Sir Arthur et Jenny sortent.

SCÈNE SEPTIEME.

SIR JOHN, HALIFAX.

SIR JOHN.

A nous deux, maintenant. Voilà donc à quoi vous dépensez votre temps et mon argent, à courir les cabarets, vêtu comme un gentilhomme ? Etes-vous chevalier pour porter les éperons ? êtes-vous noble pour porter cette épée ?...

HALIFAX.

Pardon, pardon, monseigneur; quant à la chevalerie, je passe condamnation ; mais quant à la noblesse, c'est autre chose, attendu que comme je n'ai jamais connu ni mon père ni ma mère, j'ai autant de chances pour être gentilhomme que pour ne l'être pas. Or, vous comprenez qu'un individu qui peut être gentilhomme ne doit pas être vêtu comme un faquin.

SIR JOHN.

C'est cela ; et l'argent que je t'avais donné pour retrouver ma fille est passé en pourpoints de velours, en cols de dentelles et en aiguillettes d'argent.

HALIFAX.

D'abord, vous ne m'avez donné que cinq cents livres sterling, ce qui est misérable.

SIR JOHN.

Comment, faquin !

HALIFAX.

Sans doute ! Pour cinq cents livres sterling on peut retrouver la fille d'un alderman ou d'un schérif ; mais la fille d'un lord ? Peste ! c'est plus cher.

SIR JOHN.

C'est bien... c'est bien... raillez, monsieur le mauvais plaisant, tournez en ridicule les choses les plus saintes, moquez-vous de l'amour d'un père pour sa fille... rira bien qui rira le dernier.

HALIFAX.

L'amour d'un père pour sa fille ! peste, vous avez raison, monseigneur ; voilà certes qui est bien respectable !... Un jour, sa majesté Charles II, après avoir perdu la bataille de Worcester, fuyait avec un gentilhomme de ses amis, noble comme le roi, généreux comme le roi... et libertin comme...

SIR JOHN.

Hein ! tu oses...

HALIFAX.

Tous deux fuyaient donc de forêts en montagnes et

de montagnes en ravins, couchant à la belle étoile, quand il y avait des étoiles, lorsqu'ils avisèrent une petite maison isolée dans laquelle ils se présentèrent, le roi sous le nom du fermier Jakson, et son favori sous le nom de sir Jacques Herbert!

SIR JOHN.

Eh bien, nous savons tout cela.

HALIFAX.

Aussi ce n'est pas à vous que je le dis, c'est une histoire que je me raconte à moi-même. Or, cette maison était habitée par deux charmantes petites paysannes... les deux sœurs, deux orphelines... les proscrits étaient jeunes et beaux. On leur ouvrit la porte de la petite maison... et comme ils étaient très-fatigués et que personne ne se doutait qu'ils fussent là... ils y restèrent huit jours.

SIR JOHN.

Auras-tu bientôt fini?

HALIFAX.

Pardon, je me conte une histoire; elle m'intéresse, et je désire en connaître la fin... Ils étaient donc là depuis huit jours, lorsqu'un serviteur dévoué vint leur dire qu'un bâtiment n'attendait plus qu'eux pour partir pour la France. Il fallut quitter la petite maison, il fallut quitter les charmantes hôtesses. Le roi voulait laisser un souvenir à celle des deux sœurs qui s'était particulièrement occupée de lui. Il chercha donc quelle chose il pouvait lui laisser, lui à qui on n'avait pas laissé grand'chose... et il se résolut à lui laisser son portrait : c'est assez l'habitude des princes ; mais comme il n'avait pas là son peintre ordinaire, lequel en ce moment était occupé à faire le portrait en pied du protecteur, il se contenta de promettre qu'il le lui enverrait de France. Quelque temps après il apprit que la chose était devenue parfaitement inutile, et que sa jolie hôtesse possédait un portrait vivant, une charmante miniature, une adorable petite fille... Le favori, qui était noble comme le roi... généreux comme le roi... libertin comme...

SIR JOHN.

Monsieur !...

HALIFAX.

Le favori suivit en tout point l'exemple de son maître : il laissa son portrait comme le roi avait laissé le sien... même format... même exemplaire. Dix ou douze ans se passèrent... Sa majesté remonta sur son trône. Pendant les premières années, elle eut tant de choses à faire... tant d'autres portraits à donner, qu'elle ne songea plus à celui qu'elle avait laissé autrefois dans un petit coin de son royaume. Mais un beau jour la mémoire lui revint ; elle fit rechercher la miniature qui avait grandi, qui avait embelli beaucoup ; puis, quand elle l'eut retrouvée, elle l'entoura de diamants, et elle la donna, avec le titre de son gendre... au fils de lord Buckingham ; or, comme chacun sait, quand les rois ont de la mémoire, les favoris se souviennent ; notre favori, qui était noble comme le roi... généreux comme le roi... libertin comme...

SIR JOHN.

Encore...

HALIFAX.

Notre favori se souvint qu'il avait aussi un portrait d'égaré ; il voulut le ravoir pour faire le pendant du portrait du roi ; car, vous comprenez, les deux portraits étaient cousins, ou plutôt cousines... Il envoya donc son serviteur, son intendant, presque son ami, à la recherche de ce portrait, en lui donnant cinq cents livres sterling pour le retrouver... un portrait qui lui vaudra l'ordre du Bain, l'ordre de la Jarretière, que sais-je, moi ?... Et cinq cents livres sterling pour retrouver un pareil trésor !... Allons donc, monseigneur, vous n'y pensez pas... Il faut savoir semer pour recueillir, que diable ! De l'argent, monseigneur, encore de l'argent... beaucoup d'argent, et on vous le retrouvera, votre portrait, soyez tranquille.

SIR JOHN.

Point du tout ; je chargerai un autre de ce soin. Ce sont des intérêts trop nobles et trop sacrés pour être confiés à un drôle tel que toi.

HALIFAX.

Alors, vous me mettez à la retraite?

SIR JOHN.

Non; je compte seulement t'employer à une mission non moins importante, mais plus en harmonie avec es habitudes, tes mœurs et tes goûts.

HALIFAX.

Pardon, mais j'aime mieux que vous me redonniez beaucoup d'argent et continuer à chercher votre fille.

SIR JOHN.

Oui, je comprends, c'est une existence qui te convient; malheureusement elle ne peut pas durer, et je t'en ménage une autre.

HALIFAX.

Agréable!

SIR JOHN.

Très-agréable.

HALIFAX.

Où il n'y aura pas grand'chose à faire?

SIR JOHN.

Rien du tout.

HALIFAX.

Et de l'argent?...

SIR JOHN.

Une fortune!

ACTE II, SCÈNE VII.

HALIFAX.

Cela me va. Voyons, de quoi s'agit-il?

SIR JOHN.

Tu as vu la jeune fille qui était là tout à l'heure?

HALIFAX.

Oui, je crois... je l'ai entrevue.

SIR JOHN.

Comment l'as-tu trouvée?

HALIFAX.

Mais gentille!

SIR JOHN.

Charmante, mon cher, charmante!

HALIFAX.

Eh bien?

SIR JOHN.

Eh bien, j'en suis amoureux!

HALIFAX.

Ah! ah!

SIR JOHN.

Amoureux fou!

HALIFAX.

Eh bien! quel rapport cela a-t-il avec cette existence agréable... que vous me promettez?

SIR JOHN.

Attends donc!

HALIFAX.

Où il n'y a rien à faire !

SIR JOHN.

Attends donc, te dis-je !

HALIFAX.

Et une fortune à manger.

SIR JOHN.

Nous y voilà !

HALIFAX.

J'écoute !

SIR JOHN.

La petite fille est sage !

HALIFAX,

Voyez-vous la petite sotte !

SIR JOHN.

De plus, elle habite sur les terres de lord Clarendon. Or, tu comprends, tant qu'elle sera sur ses terres...

HALIFAX.

Il n'y a pas moyen de tenter le plus petit rapt. Je partage votre haine pour ce lord Clarendon.

SIR JOHN.

Et puis, la petite, comme je te l'ai dit, est d'une sévérité de principes... elle ne pense qu'à un mari, ne parle que d'un mari.

HALIFAX.

Ces petites sont incroyables pour se mettre comme cela un tas de mauvaises pensées en tête.

SIR JOHN.

De sorte que je crois qu'il n'y a qu'un bon mariage...

HALIFAX.

Comment ? vous l'épouseriez...

SIR JOHN.

Non, pas moi... mais toi !

HALIFAX.

Moi ! eh bien, à quoi cela vous servira-t-il que je l'épouse ?

SIR JOHN.

Comment, tu ne comprends pas, imbécile !

HALIFAX.

Je ne comprends pas.

SIR JOHN.

Aussitôt ton mariage, tu viens te fixer dans le comté de Dumbar ?

HALIFAX.

Eh bien ?

SIR JOHN.

Eh bien, si je n'ai pas la permission de chasser sur

les terres de lord Clarendon, personne ne me contestera le droit.... tu comprends?

HALIFAX.

Parfaitement... et...

SIR JOHN.

Tu acceptes?

HALIFAX.

Je refuse!

SIR JOHN.

Ah! tu refuses!

HALIFAX.

Positivement!

SIR JOHN.

Alors, mon drôle, je te chasse; tu es ruiné, et peut-être pis encore, attendu que tu as bien, en fouillant dans ton existence passée, quelques petites peccadilles à te reprocher, n'est-ce pas?... quelques petits démêlés à régler avec la justice, hein? Mon crédit effaçait tout cela; un homme à moi était inviolable, tandis qu'un maraud que je chasse appartient de droit au premier recors qui le rencontre. Ainsi donc, tu comprends... d'un côté la misère, la prison, et peut-être pis... de l'autre, mon amitié, rien à faire, de l'argent, de beaux habits, une jolie femme... une table splendide, des amis à foison... Je te donne dix minutes pour réfléchir.

Il sort.

SCÈNE HUITIÈME.

HALIFAX, seul.

Dix minutes, c'est neuf de trop, monseigneur. Oui, vous me connaissez bien, oui, j'aimerais fort tout ce que vous me proposez, j'étais né pour cette existence aristocratique; mais la fortune est aveugle, et elle s'est trompée de porte, elle a passé devant la mienne, et elle est entrée chez mon voisin. Vous voulez corriger ses erreurs à mon égard, monseigneur, très-bien ; mais alors demandez-moi de ces services qu'un honnête homme puisse avouer. Dites-moi de jouer adroitement pour vous dans un tripot, je jouerai ! Dites-moi de chercher querelle à un de vos ennemis, j'irai de grand cœur; dites-moi d'enlever la femme d'un de vos amis, je l'enlèverai !... mais vous céder la mienne, monseigneur, allons donc !... Jouer le rôle de mari complaisant, jamais ! c'est bon pour plus grand que moi, cela, monseigneur. Oh ! tout ce qui se lave avec un bon coup d'épée, j'en suis, à votre service... et avec le plus grand plaisir... mais l'honneur d'un mari, c'est autre chose : plus on donne de coups d'épée dedans, plus il a de trous; cependant, je voudrais bien trouver un biais, une espèce de subterfuge, une manière de faux-fuyant pour ne pas me brouiller avec lui, le vieux démon... surtout après ma fatale affaire avec lord Dudley... Heureusement que je l'ai tué sur le coup... je l'espère, du moins, et comme nous étions seuls, à moins qu'il ne revienne comme Banquo pour me dénoncer, ce qui n'est pas probable, je puis être assez tranquille de ce côté-là... mais des autres côtés, comme l'a dit sir John, je suis malheureusement fort vulnérable... Tu as eu une vie agitée, mon ami, une jeunesse orageuse, mon cher Halifax !... Qu'est-ce que c'est que la jeune fille ? tâchons toujours d'avoir des renseignements... (A Tom, qui entre.) Avance ici, toi !

SCENE NEUVIEME.

HALIFAX, TOM RICK.

TOM RICK.

Me voilà, monseigneur!

HALIFAX.

Comment t'appelles-tu?

TOM RICK.

Tom Rick, pour vous servir.

HALIFAX.

Un fort joli nom, ma foi!

TOM RICK.

Oui, c'est doux à prononcer, n'est-ce pas?... Tom Rick.

HALIFAX.

Eh bien! mon cher Tom Rick, je voulais te demander une chose.

TOM RICK.

Deux, monseigneur!

HALIFAX.

Non, une seule!

TOM RICK.

Une seule, comme il vous fera plaisir.

HALIFAX.

Tu connais la jeune maîtresse de cet hôtel ?

TOM RICK.

Laquelle ?

HALIFAX.

Comment, laquelle !

TOM RICK.

Oui, elles sont deux !

HALIFAX.

Celle qui était là quand je suis entré.

TOM RICK.

Ah ! mademoiselle Jenny !

HALIFAX.

Enfin, celle à qui sir John Dumbar fait la cour.

TOM RICK.

C'est cela même. Oh ! il peut bien lui faire la cour tant qu'il voudra, par exemple, ce n'est pas lui qui tournera la tête à la belle amoureuse !

HALIFAX.

A la belle amoureuse !

TOM RICK.

Ah! oui, c'est un nom qu'on lui donne comme cela... parce que depuis cinq ans... pauvre jeunesse... elle a un amour dans le cœur.

HALIFAX.

Ah bah! vraiment, elle a un amour dans le cœur?

TOM RICK.

C'est comme je vous le dis.

HALIFAX.

Tu en es sûr?

TOM RICK.

Sûr et certain!

HALIFAX.

Dieu! si elle pouvait me refuser! et sais-tu qui elle aime?...

TOM RICK.

Je n'ai pas de certitude... cependant je crois que c'est Jack Scott, ou Jenkins!... Le premier est devenu capitaine aux gardes, et comme vous comprenez bien, jamais il ne reviendra épouser une petite paysanne... Quant au second, il est mort il y a neuf mois, et il est encore moins probable qu'il revienne que le premier.

HALIFAX.

Et tu crois, quel qu'il soit, qu'elle restera fidèle à celui qu'elle aime?

TOM RICK.

J'en suis sûr, je lui ai entendu dire une fois, une fois que j'écoutais...

HALIFAX.

Une fois que tu écoutais...

TOM RICK.

Oui, pour entendre; c'est une habitude que j'ai.

HALIFAX.

Que lui as-tu entendu dire?

TOM RICK.

Je lui ai entendu dire à sa sœur Anna : — Non, non, je ne serai jamais à un autre qu'à lui... quand je devrais mourir fille !

HALIFAX.

Elle a dit cela? mais c'est un ange que cette petite !

TOM RICK.

Elle l'a dit mot pour mot?

HALIFAX.

Et tu crois qu'elle tiendra parole?

TOM RICK.

Jusqu'à présent elle a refusé tout le monde.

HALIFAX.

Mais alors je suis sauvé. Cependant, mon cher Tom

Rick, voyons, sois franc : si un gentilhomme, riche, bien fait, joli garçon... si un homme comme moi se présentait, enfin, crois-tu qu'elle refuserait encore ?

TOM RICK.

Toujours !... Mais elle m'a bien refusé, moi qui vous parle... Ah !

SCÈNE DIXIÈME.

Les mêmes, SIR JOHN.

SIR JOHN, de la porte.

Eh bien, les dix minutes sont écoulées !

HALIFAX.

Et je suis décidé, monseigneur.

SIR JOHN.

Tu refuses toujours ?

HALIFAX.

Non, j'accepte.

SIR JOHN.

Ah ! je le savais bien !

HALIFAX.

Mais à une condition... vous comprenez...

SIR JOHN.

Laquelle ?

HALIFAX.

Renvoyez d'abord cet imbécile.

ACTE II, SCÈNE X.

TOM RICK.

Comment! me renvoyer!

SIR JOHN.

Va-t'en.

HALIFAX.

Plus loin, plus loin, je connais tes habitudes! plus loin encore... là... bien!

SIR JOHN.

Ainsi, tu acceptes?

HALIFAX.

Il le faut bien.

SIR JOHN.

Ah! je me doutais que tu deviendrais raisonnable.

HALIFAX.

Que voulez-vous, monseigneur, il faut faire une fin.

SIR JOHN.

Et tu te proposes... quand?

HALIFAX.

Aujourd'hui même.

SIR JOHN.

Très-bien.

HALIFAX.

Mais si...

SIR JOHN.

Si quoi?

HALIFAX.

Posons les bases du traité. Je fais ma déclaration, je me propose, je m'offre pour époux; mais si elle me refuse?

SIR JOHN.

Si elle te refuse?... impossible!

HALIFAX

Vous comprenez bien que c'est ce que je me dis... Cependant il faut tout prévoir. Si elle me refuse, vous ne me ferez pas, je l'espère, porter la peine de son mauvais goût.

SIR JOHN.

Oh! cela ne serait pas juste!

HALIFAX.

Alors, je reste toujours votre homme de confiance, votre ami, votre cher Halifax!

SIR JOHN.

Toujours, je te le jure!

HALIFAX.

Et vous me donnez beaucoup d'argent, et vous me renvoyez à la recherche de votre fille; car je vous la retrouverai, votre fille... Oh! oui, je vous la retrouverai, cette chère enfant, quand je devrais y manger toute votre fortune.

ACTE I, SCÈNE X.

SIR JOHN.

Merci... occupons-nous d'abord du plus pressé.

HALIFAX.

Oui, et le plus pressé est que je fasse ma déclaration, n'est-ce pas, je suis prêt.

SIR JOHN.

Un instant. Tu as fait tes conditions ?

HALIFAX.

Oui.

SIR JOHN.

A moi maintenant à faire les miennes.

HALIFAX.

Faites.

SIR JOHN.

Je veux être présent à l'entrevue.

HALIFAX.

Mais comment voulez-vous qu'en face d'un homme dont elle a refusé toutes les avances...

SIR JOHN.

Je veux entendre du moins.

HALIFAX.

Oh! cela c'est autre chose.

SIR JOHN.

Tu y consens ?

HALIFAX.

Comment donc ! je vous en prie.

SIR JOHN.

La voilà !

HALIFAX.

C'est bien.

SIR JOHN.

Je me rends à mon poste.

HALIFAX.

Et moi, je commence mon rôle.

ENSEMBLE.

Air : *des deux Reines.*
Elle vient, la voilà !
En ces lieux retiens-la ;
Sois des plus éloquents ;
Songes-y, je t'entends ?

HALIFAX.

Elle vient, la voilà ?

A part.

Laissez-nous, entrez là.
Sans crainte d'accident,
Je puis être éloquent.

Sir John sort.

SCÈNE ONZIÈME.

HALIFAX, JENNY.

HALIFAX.

Eh! mais elle est très-gentille, cette petite!

JENNY.

Comme il me regarde! est-ce qu'il se souviendrait de moi?

HALIFAX.

En voilà donc une qui va refuser mon amour! ça m'amusera... la rareté du fait. (Haut.) Approchez, approchez, mon enfant.

JENNY.

Oui, monsieur, je... (A part.) Je me sens tout émue.

HALIFAX, lui prenant la main.

Bon, elle tremble auprès de moi, elle ne peut pas me souffrir, c'est déjà bon signe. (Haut.) Est-ce que je vous fais peur?

JENNY.

Peur, vous!... Oh! non, non, monsieur.

HALIFAX, à part.

Ah! alors je ne lui parais pas dangereux, c'est encore

bon signe. (Haut.) Mais peut-être vous fâcheriez-vous si je vous disais que je vous trouve jolie.

JENNY.

Me fâcher! mais au contraire.

HALIFAX

Ah! bah! Au fait, toutes les jeunes filles désirent qu'on les trouve jolies; seulement ça ne tire pas à conséquence. Mais vous seriez moins indulgente si j'ajoutais que je me sens prêt à vous aimer.

JENNY, avec joie.

A m'aimer, vous! serait-il possible!

HALIFAX.

Ah! ça vous fait rire! vous vous moquez de moi! Eh bien! soit, n'en parlons plus, c'est fini, qu'il n'en soit plus question.

JENNY.

Mais vous vous trompez, je ne ris pas, je ne ris pas du tout.

HALIFAX.

Alors vous trouvez cette déclaration beaucoup trop brusque, beaucoup trop brutale même, et vous allez m'en vouloir... Vous m'en voulez, n'est-ce pas?

JENNY.

Vous en vouloir... mais je serais au contraire trop heureuse de cet aveu si j'osais le croire sincère.

ACTE II, SCÈNE XI.

HALIFAX, à part.

Ah! bah! mais ça devient inquiétant; est-ce que je vais supplanter l'autre... l'ancien par hasard? (Haut.) Cependant, mon enfant, si vous aviez un autre sentiment dans le cœur, un amour de jeunesse... il ne faudrait pas le trahir!... il ne faudrait pas l'oublier ce premier amour.

JENNY.

Oh! non! jamais! jamais!

HALIFAX.

Bravo! car sans doute, c'était un brave garçon que celui que vous aimiez.

JENNY.

Oh! oui!

HALIFAX.

Un cœur franc, bon, loyal, qui vous rendait affection pour affection.

JENNY.

Je l'ai cru un instant.

HALIFAX.

Croyez-le toujours... ça ne peut pas faire de mal... et qui loin de vous a conservé votre souvenir, comme vous avez conservé le sien.

JENNY.

Oh! je n'ose l'espérer.

HALIFAX.

Et vous avez tort...

JENNY.

Vous croyez!

HALIFAX.

Comment donc... je vous réponds de lui comme de moi-même... quand on vous a vue une fois, Jenny, quand on a eu une fois l'espoir d'être aimé de vous est-ce qu'on peut vous oublier?... vous êtes trop jolie, trop gracieuse pour cela. Eh bien! qu'est-ce que je dis donc?

JENNY.

Oh! tout ce que je sais, c'est que je ne l'ai pas oublié, moi.

HALIFAX.

Et vous avez bien fait... c'est que c'est sacré ces choses-là... et si un étranger, un inconnu, parut-il riche, eût-il l'air d'un gentilhomme, fût-il beau garçon, venait de but en blanc vous faire la cour...

JENNY.

Oh! je saurais ce que j'en dois penser.

HALIFAX.

Vous dire que vous êtes jolie...

JENNY.

Je ne me laisserais pas prendre à ses flatteries, soyez tranquille.

ACTE II, SCÈNE XI.

HALIFAX.

Vous offrir sa main.

JENNY.

Je la refuserais.

HALIFAX.

Très-bien; c'est très-bien, mon enfant. Ce que c'est que d'avoir habité le village, séjour d'innocence et de pureté!... Vous le refuseriez donc?

JENNY.

Oh! oui!

HALIFAX.

De sorte que si je me présentais moi, pour vous épouser...

JENNY.

Vous?

HALIFAX.

Vous me refuseriez aussi, n'est-ce pas?

JENNY.

Oh! vous, c'est autre chose... j'accepterais... j'accepterais bien vite!

HALIFAX.

Hein? plaît-il! vous consentiriez...

JENNY.

A devenir votre femme. Oh! de tout mon cœur... ce serait mon désir le plus ardent, mon vœu le plus cher!

HALIFAX.

Son désir le plus ardent! son vœu le plus cher! où allons-nous, mon Dieu, où allons-nous?

JENNY.

Oh! pardon... pardon d'être si franche... j'ai tort peut-être de vous dire cela... mais si vous saviez... mon Dieu... je suis si contente... si heureuse... moi, aimée de vous... moi, votre femme... oh! votre femme, monsieur James!

HALIFAX.

Mon nom de baptême... elle sait mon nom de baptême à présent!

JENNY.

Oh! dites-moi que ce n'est pas un rêve, comme tous ceux que j'ai déjà faits!... que c'est vous... bien vous qui me parlez ainsi!

HALIFAX.

Eh! certainement que c'est moi... c'est bien moi... c'est même trop moi... (A part.) Ah ça! mais elle est folle cette petite.

SCÈNE DOUZIEME.

Les mêmes, SIR JOHN.

SIR JOHN.

Folle de toi, et elle t'épouse, voilà.

JENNY.

Sir John !

HALIFAX.

Lui ! c'est fini !... Je suis un homme perdu.

SIR JOHN.

Oui, mon enfant, sir John, qui a tout entendu, et qui veut votre bonheur.

HALIFAX.

Merci !

JENNY.

Ah ! monseigneur !

SIR JOHN, appelant.

Holà ! Tom Rick, miss Anna... garçon, venez, venez tous !... On se marie ici.

TOM RICK.

On se marie... qui ça donc qui se marie ?

JENNY.

Anna, ma sœur, ah! que je suis heureuse!

ANNA.

Comment?... explique-moi donc!

SIR JOHN.

Allons, maître Halifax, voilà votre jolie fiancée.

TOUS.

Sa fiancée!

SIR JOHN.

Eh! sans doute! et moi je dote le marié, je dote la mariée, je dote les enfants, je dote tout le monde, enfin.

TOUS.

Vive sir John Dumbar!

CHOEUR.

Air :

Chantons ce mariage;
Il promet le bonheur;
C'est d'un heureux présage;
Et vive monseigneur!

JENNY.

Je le revois!... bonheur suprême!
Quel beau jour! quel moment heureux!
Auprès de celui que j'aime,
Je vois enfin combler tous mes vœux.

REPRISE DU CHOEUR.

ACTE DEUXIÈME.

Le théâtre représente l'intérieur d'une taverne.

SCENE PREMIERE.

JENNY, ANNA, TOM.

TOM.

Voilà ce que c'est, les jours se suivent et ne se ressemblent pas. Hier, c'était mademoiselle Anna qui était joyeuse, et mademoiselle Jenny qui était triste... aujourd'hui, c'est mademoiselle Anna qui est triste, et mademoiselle Jenny qui est joyeuse.

JENNY.

Comment ne serais-je pas heureuse quand celui que j'aimais en silence, quand celui à qui je gardais mon cœur et ma main sans espoir qu'il vînt les réclamer jamais, arrive au moment où j'y pense le moins, me dit qu'il m'aime, et m'offre de devenir sa femme? Comprends-tu, Anna? quel bonheur! moi la femme de James!

ANNA.

Oui, tu es bien heureuse!

JENNY.

Pardon, ma chère Anna, de n'avoir point la force de cacher ma joie, quand je te vois triste; mais il y a si longtemps que je souffre, il y a si longtemps que je dévore mes larmes, il y a si longtemps que je ne souris plus qu'au passé, qu'il faut avoir pitié de ma faiblesse; et puis tu t'affliges peut-être trop tôt. Sir Arthur n'a encore rien dit à son oncle de son amour... Sir John Dumbar est un excellent homme au fond, et la preuve, c'est qu'après m'avoir fait la cour, il est le premier à se réjouir de mon mariage avec James... son neveu l'a pris dans un mauvais moment. Eh bien! il aura meilleure chance une autre fois.

ANNA.

Tu cherches à me rassurer, ma bonne Jenny, et je t'en remercie. Mais comment veux-tu, lorsque porteur de bonnes nouvelles, sir Arthur a été reçu ainsi... comment veux-tu espérer que, lorsqu'il voudra proposer à son oncle une pareille mésalliance, son oncle consente jamais à notre mariage? Oh! non, non, c'est impossible, vois-tu?

JENNY.

Rien n'est impossible à la Providence qui m'a ramené mon James...

SCÈNE DEUXIÈME.

Les mêmes, ARTHUR.

ARTHUR.

Et qui vous ramène Arthur, ma bonne Jenny.

ANNA.

Arthur, c'est bien à vous d'être revenu si vite.

TOM.

Vous revenez de Londres, n'est-ce pas, sir Arthur, hein? Dire que tout le monde revient de Londres, et que je ne peux pas y aller, moi!

ARTHUR.

A peine étais-je arrivé, qu'il est venu pour mon oncle un message du roi.

TOM.

Du roi! du vrai roi!

ARTHUR.

J'ai profité de cette occasion; je suis reparti aussi vite que j'étais venu, enchanté d'avoir un prétexte de retour, et décidé cette fois à tout dire à mon oncle.

TOM.

Dites donc, monsieur Arthur, elle se marie!

ARTHUR.

Qui cela ?

TOM.

Mademoiselle Jenny, elle se marie avec un beau cavalier.

ARTHUR.

Vous, Jenny ?

JENNY.

Oui, monsieur Arthur.

ARTHUR.

Mais quel est ce cavalier ? est-ce que je le connais ?...

JENNY.

C'est James.

ARTHUR.

James !

TOM.

Vous savez, celui qui est arrivé hier pendant que sir John Dumbar était en train de vous maudire.

ARTHUR.

Halifax ! l'intendant de mon oncle !

TOM.

Il s'appelle Halifax !... Oh ! dites donc, mademoiselle Jenny, vous vous appellerez madame Halifax !...

ARTHUR.

Mais comment connaissez-vous ce mauvais sujet, ma chère enfant ?

TOM.

Un mauvais sujet! Monsieur Halifax est un mauvais sujet!... Ah! vous qui m'avez refusé pour épouser un mauvais sujet... tenez, il est encore temps de vous en dédire... revenez à moi, je ne vous refuse pas.

JENNY, sans l'écouter.

Mais je commence à être bien inquiète. A peine avons-nous eu le temps d'échanger quelques paroles, et sir John Dumbar l'a emmené tout de suite.

TOM.

Ah! bien, si vous êtes inquiète, vous ne le serez pas longtemps, le voilà qui arrive d'un fameux train. Oh! mais comme il détale!... Monsieur Arthur, vous dites que c'est l'intendant de votre oncle, ça a bien plutôt l'air d'un coureur.

JENNY.

Mon Dieu! comme le cœur me bat!

SCÈNE TROISIÈME.

Les mêmes, HALIFAX.

HALIFAX, ouvrant vivement la porte.

Ah! ah! c'est vous, Jenny! je vous cherchais.

JENNY.

Eh bien! me voilà.

HALIFAX.

Monsieur Arthur, tous mes hommages... Vous savez que Jenny est ma fiancée, soyez donc assez bon, je vous prie, ainsi que vous, ma petite sœur, pour nous laisser seuls un instant.

TOM.

Oui, vous comprenez, ils ont à se dire des tendresses.

ARTHUR.

Oui, oui, venez, Anna; moi aussi j'ai à vous parler.

HALIFAX à Tom, qui reste.

Eh bien!

TOM.

Oh! vous pouvez parler devant moi, allez! vous ne me gênez pas.

HALIFAX.

Non, mais c'est toi qui nous gênes.

TOM.

Moi! oh! alors c'est différent.

SCÈNE QUATRIEME.

HALIFAX, JENNY.

HALIFAX.

Jenny, ma chère enfant, nous voilà seuls !

JENNY.

Oh ! vous êtes bien bon d'être venu.

HALIFAX.

Ce n'est pas sans peine, allez ! Il m'avait ordonné de ne pas plus le quitter que son ombre, ce vieux scélérat.

JENNY.

De qui parlez-vous ?

HALIFAX.

De sir John Dumbar.

JENNY.

Lui, notre protecteur !

HALIFAX.

Oh ! oui, oui, il nous protége !... Mais pendant qu'il

déjeunait, j'ai profité du moment où le curé du village venait dîner avec son archevêque, et comme il entrait, je me suis sauvé, et me voilà... malheureuse enfant!

JENNY.

Comment?...

HALIFAX.

Oui, malheureuse enfant?... Quelle idée avez-vous eue de m'aimer?... Dites.

JENNY.

Mais n'est-ce pas bien naturel, monsieur James?...

HALIFAX.

Quand vous aviez une autre passion dans le cœur; car vous aimiez quelqu'un, Jenny!... Oh! je suis bien informé, allez!

JENNY.

Oui, c'est vrai... oui, j'avais une passion dans le cœur... oui, j'aimais quelqu'un...

HALIFAX.

Ah!

JENNY.

Mais cette passion, c'était pour vous!... celui que j'aimais, c'était vous!

HALIFAX.

C'était moi; vous m'aimiez, Jenny?... Allons, il ne me manquait que cela!... Mais où m'aviez-vous vu, depuis quand m'aimiez-vous? Ah! mon Dieu! mon Dieu!

JENNY.

Vous demandez où je vous avais vu? ne sommes-nous pas du même village, James?... ne sommes-nous pas de Stannington?...

HALIFAX.

De Stannington... vous êtes née à Stannington?

JENNY.

Sans doute!... Vous demandez depuis quand je vous aime... depuis mon enfance.

HALIFAX.

Mais si je me le rappelle bien, il y a six ans que j'ai quitté le village.

JENNY.

Et j'en avais quatorze... à quatorze ans, une pauvre enfant a déjà un cœur; et puis, vous étiez si bon pour la pauvre Jenny Howard, que vous ne vous rappelez plus maintenant!

HALIFAX.

Jenny Howard!... attendez donc!... Eh bien! si, si, je vous reconnais, je me souviens... mais tu étais si frêle et si petite alors!... Tu habitais une maisonnette entourée d'arbres, et voisine de la maison du bon vieux curé.

JENNY.

C'est cela, c'est bien cela!

HALIFAX.

Tes parents semblaient t'aimer moins que ta sœur, et te battaient quelquefois... ça m'affligeait de te voir pleurer, et je te défendais quand j'arrivais assez tôt, ou bien j'essuyais tes larmes quand je venais trop tard.

JENNY, à part.

Il se souvient, il se souvient tout à fait!... (Haut.) Et pour me consoler, vous me disiez que j'étais plus jolie qu'Anna, ce qui n'était pas vrai.

HALIFAX.

Si fait, c'était la vérité, au contraire.

JENNY.

Vous me disiez que j'étais meilleure qu'elle, ce qui était encore un mensonge.

HALIFAX.

Non, tu as toujours été bonne, gentille, gracieuse... aussi, aussi, sois tranquille va, je ne t'épouserai jamais.

JENNY.

Que dites-vous?

ACTE II, SCÈNE IV.

HALIFAX.

Moi, rien; c'est vous qui me parliez, Jenny... c'est vous qui me parliez des jours de votre enfance, si loin de moi maintenant, et que j'avais oubliés, tant il s'est passé de choses entre ces jours-là et ceux d'aujourd'hui.

JENNY.

Aussi, quand vous partîtes, monsieur James, je crus que mon pauvre cœur allait se briser; huit jours auparavant, je ne dormais plus, je ne mangeais plus, je ne faisais plus que pleurer... On vous reconduisit jusqu'à une demi-lieue du village... oh! mais moi je ne voulais pas les adieux de tout le monde... moi j'étais partie devant... moi, je m'étais cachée sur la route.

HALIFAX.

Oui, oui, derrière la fontaine des Fées.

JENNY.

Vous vous le rappelez?

HALIFAX.

Pauvre enfant, et tu ne m'avais pas oublié, toi!

JENNY.

Moi, vous oublier! ne m'aviez-vous pas laissé un souvenir?

HALIFAX.

Un souvenir!

JENNY.

Vous ne vous rappelez plus?

HALIFAX, cherchant.

Un souvenir?...

JENNY.

Je vous accompagnai deux lieues; mais vous ne voulûtes pas permettre que j'allasse plus loin... Nous nous quittâmes... je pleurais bien fort, et vous, vous pleuriez un peu aussi!

HALIFAX.

Alors, je me mis à gravir la montagne en te faisant des signes avec mon mouchoir; toi, tu me suivais de la vallée; mais arrivé au sommet, à la place où le chemin tourne, à l'endroit où j'allais te perdre de vue, je me suis retourné une dernière fois, et m'approchant vers l'extrémité du grand rocher, je t'ai vue au-dessous de moi, à genoux, et m'envoyant un dernier adieu... un dernier baiser... alors, j'ai cueilli une marguerite, et je te l'ai jetée.

JENNY.

Je l'ai toujours conservée...

HALIFAX.

Se peut-il?

JENNY.

Soit hasard, soit Providence, elle avait neuf feuilles...

Oh ! combien de fois je les ai interrogées ces neuf feuilles... Comprenez-vous, James ?... il m'aime, un peu...

HALIFAX, comptant sur ses doigts.

Très-bien, je comprends très-bien, il m'aime un peu, beaucoup, passionnément, pas du tout. Il m'aime un peu, beaucoup, passionnément, ça fait neuf, et la marguerite avait raison. Oui, je t'aime, je t'aime comme un fou.

JENNY.

O mon Dieu !

HALIFAX.

Je ne t'aime pas un peu, mais beaucoup... mais passionnément, comme disait la marguerite. Aussi, sois bien tranquille, mon enfant, je ne t'épouserai jamais.

JENNY.

James, que dites-vous donc ?

HALIFAX.

Rien... Et après ?

JENNY.

Après quoi...

HALIFAX.

Après mon départ, que fîtes-vous... que devîntes-vous ?...

JENNY.

Je vous attendis... Quelque chose me disait que je reverrais mon James bien-aimé ; aussi les jeunes gens du village eurent beau me dire qu'ils m'aimaient, les jeunes seigneurs eurent beau me faire les doux yeux, les vieux richards eurent beau m'offrir leur fortune ; je secouais la tête à toutes les propositions, et je me disais tout bas : Ils ne connaissent pas mon James, car s'ils le connaissaient, ils se rendraient justice, et ils s'éloigneraient. Et je t'attendais tous les jours ; puis, dans les moments de doute, quand la prière était insuffisante pour me rassurer, eh bien ! j'interrogeais ma chère marguerite, elle me répondait que tu m'aimais toujours, beaucoup, passionnément, et alors je me reprenais à espérer. Et tu vois que j'avais raison, puisque nous voilà réunis pour ne plus nous séparer jamais.

HALIFAX.

Oh ! non, non, jamais ; ta marguerite a raison, je t'aime, je t'adore ; tu es un amour, tu es un ange !... et jamais !... jamais je ne t'épouserai.

JENNY.

Comment ? vous ne m'épouserez pas !

HALIFAX.

Oh ! si fait, ce serait mon plus grand désir, mon plus grand bonheur ; mais plus tard, quand je ne serai plus dans l'affreuse position où je me trouve... Oh! si tu savais, Jenny, si tu savais combien je t'aime, combien je te trouve meilleure que moi! tiens, je suis un malheureux! pardonne-moi, je te demande pardon à genoux.

SCÈNE CINQUIÈME.

Les mêmes, SIR JOHN.

SIR JOHN.

Très-bien, très-bien !

JENNY, se sauvant.

Ah !

SCÈNE SIXIÈME.

HALIFAX, SIR JOHN.

SIR JOHN.

Ah! ah! je vous y prends, faquin; est-ce donc pour cela que vous avez quitté le château, quand je vous croyais derrière moi?... que faisiez-vous ici?

HALIFAX.

Vous le voyez, monseigneur, je continuais mon rôle; n'est-il pas convenu que j'épouse Jenny?

SIR JOHN.

Parfaitement convenu.

HALIFAX.

Eh bien! je lui disais que je l'aimais; il est bien permis à un fiancé de dire à sa fiancée qu'il l'aime.

SIR JOHN.

Certainement que c'est permis; c'est même une chose à laquelle personne n'a rien à redire ; ainsi tu es toujours disposé à épouser.

HALIFAX.

Sans doute, aussitôt que les formalités seront remplies; vous savez, il y a de très-longues formalités pour les mariages, surtout aujourd'hui.

SIR JOHN.

Oui, mais ces formalités-là...

HALIFAX.

Immédiatement après, je suis à vos ordres... De cette façon, avec la publication des bans, la dispense... la... ma foi, je gagnerai toujours un mois, et en un mois, il se passe bien des choses.

SIR JOHN, appelant.

Jenny!

HALIFAX.

Que signifie?

JENNY.

Monseigneur m'appelle?

SIR JOHN.

Venez ici, ma belle enfant.

HALIFAX.

Que lui veut-il?

SIR JOHN.

Ce qu'il y a de mieux, n'est-ce pas, quand on s'aime, c'est de s'épouser?

HALIFAX.

Oui, c'est très-bien de s'épouser... mais...

SIR JOHN.

C'est de s'épouser tout de suite.

HALIFAX, effrayé.

Comment! tout de suite!

JENNY, timidement.

Tout de suite!

SIR JOHN.

Est-ce que tu refuses, par hasard?

HALIFAX.

Moi? par exemple! Mais vous comprenez, il y a d'abord la publication des bans.

SIR JOHN.

J'ai la dispense ; je l'ai achetée.

HALIFAX.

Oh! bien obligé... merci bien, monseigneur... mais c'est que je suis protestant, moi, tandis que Jenny est catholique.

SIR JOHN.

Ah! tu es protestant?

HALIFAX.

Ah! mon Dieu, oui, je suis un peu protestant.

SIR JOHN.

Je m'en suis toujours douté, je t'ai toujours soupçonné d'être tête ronde au fond.

HALIFAX.

Et comme vous comprenez bien que je ne suis pas disposé à abjurer...

SIR JOHN.

Oh! tu es trop honnête homme pour cela. Aussi j'ai été au-devant de la difficulté.

HALIFAX.

Comment?

SIR JOHN.

Oui; comme je déjeunais avec l'archevêque de Cantorbéry, je lui ai fait savoir le désir qu'avait sa majesté de voir s'opérer beaucoup de mariages mixtes, afin d'amener la fusion des partis... Sa grandeur a parfaitement compris cela, et...

HALIFAX.

Et...

SIR JOHN.

J'ai là son autorisation, signée de sa main et scellée de son sceau.

HALIFAX.

Oh! oui, oui... c'est parfaitement en règle; il ne nous reste plus qu'à prévenir le prêtre; nous enverrons chez lui, aujourd'hui, demain... après-demain.

SIR JOHN.

C'est inutile, il est prévenu.

HALIFAX.

Comment prévenu... le prêtre !... (A part). Il a donc tout prévu ! (Haut). Mais nos parents, nos amis.

SIR JOHN.

Vos parents... D'abord, toi, tu n'en as pas; quant à Jenny...

JENNY.

Hélas! moi, je n'avais que ma mère et ma tante; elles sont mortes, je n'ai plus qu'Anna, ma sœur de lait.

SIR JOHN.

Quant à vos amis, c'est aujourd'hui lundi seconde fête de la Pentecôte; j'ai trouvé chacun sur le pas de sa porte, j'ai invité tout le monde... Et tenez, tenez, voilà le village tout entier qui vient vous féliciter.

HALIFAX.

Ah! démon que tu es!

SIR JOHN.

Est-ce que tu hésites?

HALIFAX.

Eh bien! non, non, je n'hésite pas, je l'épouse à l'instant... (A part). Après tout, elle est charmante, et une fois son mari, vous verrez ce que je vous ménage, monseigneur.

SIR JOHN, à part.

Tu te décides trop vite pour ne pas cacher quelque mauvais projet; mais après la cérémonie, tu verras, mon garçon, ce que je te garde.

CHŒUR.

Air : *Barcarolle de la Reine de Chypre* (2me acte.)

O journée
Si fortunée !
L'hyménée
Comble leurs vœux.

SIR JOHN, à part.

Quel bonheur me présage
Cet heureux mariage

CHŒUR.

Quel beau jour
Pour l'amour !
O journée, etc.

SCÈNE SEPTIEME.

SIR JOHN, ARTHUR.

ARTHUR, arrêtant son oncle qui va sortir.

Pardon, mon oncle!

SIR JOHN.

Encore vous ici, monsieur! comment! vous n'êtes pas encore parti?

ARTHUR.

Au contraire, mon oncle, je suis déjà revenu.

SIR JOHN.

Et qui vous ramène?

ARTHUR.

Une lettre de sa majesté, qu'elle m'a chargée de vous rendre sans retard.

SIR JOHN, lui arrachant des mains.

Donnez!

ARTHUR.

Mais ce n'est pas tout.

SIR JOHN.

Qu'y a-t-il encore? voyons?

ARTHUR.

Mon oncle, je voudrais vous entretenir.

SIR JOHN.

De vos prouesses, n'est-ce pas, monsieur le chevalier? de vos belles actions, n'est-ce pas, monsieur l'honnête homme?

ARTHUR.

Hélas! mon oncle, au contraire, et vous me voyez tout tremblant... Car enfin, comme vous ne me recevez pas trop bien, alors même que je crois mériter des éloges, comment allez-vous me recevoir aujourd'hui, que je viens m'accuser devant vous?...

SIR JOHN.

Comment! t'accuser!

ARTHUR.

J'ai besoin de toute votre indulgence, mon oncle.

SIR JOHN.

Toi! (Se radoucissant.) **Ah! vraiment!**

ARTHUR.

J'ai commis une grande faute.

SIR JOHN.

Tu as commis une grande faute... Viens ici, mon garçon, et conte-moi cela...

ACTE III, SCÈNE VII.

ARTHUR.

Et quoi!... vous...

SIR JOHN.

Conte-moi cela... que diable!... je suis ton oncle... Eh bien! tu dis, mon ami...

ARTHUR.

Le ton avec lequel vous me parlez m'encourage... Je vais tout vous avouer... Je suis amoureux.

SIR JOHN.

Ah! vous êtes amoureux, monsieur le puritain?

ARTHUR.

Amoureux comme un fou.

SIR JOHN.

Très-bien!

ARTHUR.

Comment! très-bien!... Vous dites...

SIR JOHN.

Je dis qu'il n'y a pas de mal à cela.

ARTHUR.

C'est que quand vous saurez, mon oncle...

SIR JOHN.

Quoi?

ARTHUR.

Que la femme que j'aime...

SIR JOHN.

Eh bien ?

ARTHUR.

Est d'une naissance...

SIR JOHN.

Illustre ?

ARTHUR.

Non; au contraire, mon oncle, obscure, tout ce qu'il y a de plus obscure... Un instant, elle avait cru se rattacher à une grande famille, mais...

SIR JOHN.

Eh bien ?

ARTHUR.

Mais aujourd'hui tout espoir est perdu.

SIR JOHN.

Ah bah! une mésalliance... Nous faisons une tache à notre blason...

ARTHUR.

Comment, mon oncle, vous ne me condamnez pas...

SIR JOHN.

Et la jeune fille est riche, sans doute?

ARTHUR.

Pauvre, mon oncle !

SIR JOHN.

De mieux en mieux !... Ah ! elle est d'une naissance obscure ! ah ! elle est pauvre !... Ainsi, rien ne peut excuser aux yeux du monde la sottise que tu fais... Bien, mon garçon ; donne-moi la main.

ARTHUR.

Oh ! de grand cœur... mon Dieu ! j'étais si loin de m'attendre à tant d'indulgence !

SIR JOHN.

Et tu lui as promis le mariage, tu t'es engagé d'honneur... tu as signé quelque écrit, n'est-ce pas ?

ARTHUR.

J'ai fait plus, mon oncle, je l'ai épousée.

SIR JOHN.

Épousée !

ARTHUR.

Sans votre consentement.

SIR JOHN.

Ainsi, elle est...

ARTHUR.

Elle est ma femme !

SIR JOHN.

C'est adorable!... Ah ça! il n'y a plus à y revenir, n'est-ce pas?

ARTHUR.

Non, mon oncle; mais, quand même je le pourrais, je ne le ferais pas... Je l'aime, mon oncle, je l'aime ardemment, et quand vous la connaîtrez...

SIR JOHN.

Je ne veux pas la connaître.

ARTHUR.

Quand vous la verrez...

SIR JOHN.

Je ne veux pas la voir.

ARTHUR.

Quand je vous aurai dit son nom...

SIR JOHN, se bouchant les oreilles.

Je ne veux pas l'entendre.

ARTHUR.

Alors, mon oncle, vous ne m'approuvez donc plus?

SIR JOHN.

Au contraire, je t'approuve, et plus que jamais, car à l'avenir impossible qu'on te cite encore à moi comme un modèle de bonne conduite; à l'avenir personne ne me donnera tort si je te renvoie, personne ne pourra me blâmer si je te déshérite... Ah! je suis d'une gaieté, d'une joie... tiens, embrasse-moi, mon ami!... embrasse-moi, et reçois ma malédiction.

ARTHUR.

Votre malédiction!... mais je ne comprends plus.

SIR JOHN.

Avec tout l'argent dont tu auras besoin pour partir!... et si tu veux t'expatrier, je ferai un sacrifice!... viens encore une fois dans mes bras... c'est bien, et maintenant que je ne te revoie jamais.

ARTHUR.

Je vous obéis, mon oncle; mais j'espère que vous reviendrez à de meilleurs sentiments.

SIR JOHN.

Oui, oui, oui; va, mon ami, va, et compte là-dessus... adieu!

SIR ARTHUR.

Au revoir, mon oncle.

SIR JOHN.

Adieu! adieu! adieu!

SCÈNE HUITIÈME.

SIR JOHN, seul.

Ah! m'en voilà enfin débarrassé et d'une façon honorable. Dieu merci! il y a assez longtemps que j'attendais cela... enfin je respire... Ah! voyons maintenant ce que me dit sa Majesté... (Se retournant vers la porte). Hein? j'ai cru qu'il rentrait.

« Mon cousin,
« J'apprends à l'instant la mort de lord Dudley; c'est
« vous que je charge de poursuivre le meurtrier; par-
« tez donc aussitôt la présente reçue pour venir pren-
« dre mes ordres. »

Très-bien! de mieux en mieux!... Ah! mon ami Halifax, à nous deux maintenant, je vous tiens pieds et poings liés; nous verrons comment vous vous tirerez de là, monsieur le drôle! Le voici!

SCÈNE NEUVIÈME.

SIR JOHN, HALIFAX.

SIR JOHN.

Eh bien, c'est donc fini, mon enfant!

HALIFAX.

Oui, monseigneur. Mais qu'êtes-vous donc devenu? je vous cherchais de tous côtés, et j'étais si inquiet que j'ai quitté la noce.

SIR JOHN.

Merci, je suis bien sensible à ton attention, mais j'étais retenu ici... par un message du roi.

HALIFAX.

Ah! sa majesté vous écrit...

SIR JOHN.

Oui, elle m'ordonne de partir à l'instant même pour Londres.

HALIFAX.

Il faut obéir, monseigneur et à l'instant même. Peste! quand sa majesté ordonne, il ne fait pas bon de la faire attendre.

SIR JOHN.

Aussi je pars dans dix minutes.

HALIFAX.

Dans dix minutes!

SIR JOHN.

Oui, j'ai donné l'ordre de mettre les chevaux à la voiture.

HALIFAX.

Bon voyage, monseigneur!

SIR JOHN.

Comment, bon voyage?

HALIFAX.

Sans doute, je dis bon voyage, monseigneur.

SIR JOHN.

Eh bien! je te rends ton compliment alors.

HALIFAX.

A moi?

SIR JOHN.

Tu pars aussi!

HALIFAX.

Je pars, vous croyez!

SIR JOHN.

Oui, tu pars, j'en suis sûr, et avec ta femme encore.

HALIFAX.

Ah! oui, c'est juste, je l'avais oublié ; je pars avec ma femme... nous allons à Paris.

SIR JOHN.

Non, nous allons à Londres.

HALIFAX.

Je crois que vous vous trompez, monseigneur.

SIR JOHN.

Non, je ne me trompe pas.

HALIFAX.

Si!

SIR JOHN.

Non!

HALIFAX.

Si fait, je vous donne ma parole d'honneur, monseigneur, que plus vous allez à Londres, et plus nous allons à Paris.

SIR JOHN.

Et tu ne changeras pas d'avis?

HALIFAX.

Je n'en changerai pas!

SIR JOHN.

C'est ce que nous allons voir. — Tu as connu lord Dudley?

HALIFAX, effrayé.

Hein?... lord... lord Dudley.... non, non, je ne le connais pas.

SIR JOHN.

Non!

HALIFAX.

Non, je ne crois pas le connaître du moins.

SIR JOHN.

C'est possible; toujours est-il que le malheureux Dudley a été assassiné.

HALIFAX.

Assassiné! mais pas du tout... il a été tué dans un duel... dans un duel sans témoins, il est vrai, mais dans un duel loyal.

SIR JOHN.

Ah! je croyais que tu ne le connaissais pas.

HALIFAX.

Heu!... on peut ne pas connaître un homme et apprendre sa mort... un jour, dans une taverne j'entends dire à quelqu'un : Lord Dudley est mort hier ; je réponds :

ACTE II, SCÈNE IX.

Tiens, ce pauvre lord Dudley! et je ne le connais pas pour ça, moi.

SIR JOHN.

C'est encore possible!... Tu crois donc alors qu'il a été tué loyalement?

HALIFAX.

J'en suis persuadé.

SIR JOHN.

Eh! bien le roi n'est pas de ton avis.

HALIFAX.

Ah! le roi sait déjà?

SIR JOHN.

Ah! mon Dieu, oui!

HALIFAX.

Et il n'est pas de mon avis, vous dites?

SIR JOHN.

Pas le moins du monde.

HALIFAX.

Les rois ignorent si souvent la vérité!... Est-ce que la lettre que vous venez de recevoir de sa majesté...

SIR JOHN.

Elle avait justement rapport à cela, tu as mis le doigt dessus.

HALIFAX.

Et vous dites que le roi ne croit pas à la loyauté de...

SIR JOHN.

Tiens, lis toi-même !

HALIFAX.

Diable !

SIR JOHN.

Lis.

HALIFAX, lisant.

« Mon cousin, j'apprends à l'instant la mort de lord
« Dudley, qui paraît avoir été assassiné dans un duel
« sans témoins. »

SIR JOHN.

Et plus bas... (Lui indiquant du doigt un passage de la lettre).

HALIFAX, continuant.

« Je tiens beaucoup à ce qu'un exemple soit fait le
« plus promptement possible, en la personne de ce mi-
« sérable. »

SIR JOHN, répétant.

Le plus promptement possible en la personne de ce misérable... de ce misérable.

HALIFAX.

Je vois bien, pardieu, cela y est en toutes lettres.

SIR JOHN.

Et signé... Charles, roi !

ACTE II, SCÈNE IX.

HALIFAX.

Charles, roi! eh bien! qu'allez-vous faire?

SIR JOHN.

Ce que je vais faire, moi!

HALIFAX.

Oui, vous... est-ce que vous allez vous mettre à la recherche de ce... de ce misérable!

SIR JOHN.

Ah! mon Dieu, non!

HALIFAX.

C'est très-bien, monseigneur, c'est très-bien... D'ailleurs peut-être qu'il a déjà quitté l'Angleterre.

SIR JOHN.

Non.

HALIFAX.

Non!... eh bien! il a eu tort... mais dans tous les cas, comme il est loin d'ici, vous n'irez pas vous déranger. A quoi bon aller chercher bien loin un pauvre diable?

SIR JOHN, posant la main sur l'épaule d'Halifax.

Quand on l'a sous la main, n'est-ce pas?

HALIFAX.

Hein!... qu'est-ce que vous dites? pas de mauvaises plaisanteries, monseigneur.

SIR JOHN.

Je ne plaisante jamais!

HALIFAX.

Comment! vous me soupçonnez, moi!

SIR JOHN.

Je ne te soupçonne pas... j'en suis sûr.

HALIFAX.

Ah! vous en êtes sûr... Comment pouvez-vous en être sûr, puisque lord Dudley s'est battu sans témoins et a été tué sur le coup?

SIR JOHN.

Non, il n'a pas été tué sur le coup.

HALIFAX.

Ah! ah! il n'a pas été tué sur le coup... c'est différent alors... S'il n'a pas été tué sur le coup, ça embrouille beaucoup les choses.

SIR JOHN.

Non, ça les éclaircit au contraire... attendu qu'il a raconté l'affaire comme elle s'était passée.

HALIFAX.

Il a raconté l'affaire comme elle s'était passée?

SIR JOHN.

Tu admets bien qu'il savait à quoi s'en tenir, hein?

HALIFAX.

Oui; mais il ne faut pas trop croire comme cela les gens qui se meurent... ils ont quelquefois l'esprit fort troublé.

SIR JOHN.

Eh bien! tu vas juger par toi-même s'il a dit la vérité. Tiens, lis!

Il tire la lettre de Dudley.

HALIFAX.

Qu'est-ce que c'est que ça?... Encore une lettre!.... Mais il en pleut donc des lettres?

« Mon cher Dumbar,

« Dans un duel sans témoins, j'ai été blessé mor-
« tellement par un drôle nommé Halifax, qui m'a
« passé au travers du corps l'épée qu'il n'avait pas le
« droit de porter. »

Ils se regardent.

SIR JOHN.

Et plus bas. (Lisant.) « Je vous supplie de le faire pen-
« dre aussitôt qu'il vous tombera sous la main... c'est
« le dernier vœu de votre ami... »

HALIFAX.

C'est d'un bon chrétien, d'un excellent chrétien...

Eh bien! oui, puisqu'il faut l'avouer, c'est moi qui ai tué lord Dudley... mais je l'ai tué en faisant une bonne action... en sauvant une pauvre femme qu'il voulait déshonorer!

SIR JOHN.

Ah bah! tu protéges l'innocence... tu défends la vertu?... Cette histoire est charmante... mais je doute que sa majesté s'en contente... Ah! ça, maintenant que tu as lu ces deux lettres, pars-tu toujours pour la France?

HALIFAX.

Non. J'aimerais mieux y être, je l'avoue... mais n'y étant pas, je reste où je suis.

SIR JOHN.

Refuses-tu toujours de venir à Londres avec ta femme?

HALIFAX.

Non. J'aimerais mieux ne pas y aller... mais du moment où la chose vous fait plaisir, je vous suis trop dévoué...

SIR JOHN.

Eh bien! à la bonne heure, nous devenons enfin raisonnable... Voilà toute la noce qui revient, annonce à ta femme que nous partons, et dans dix minutes, à cheval!

ACTE II, SCÈNE IX.

HALIFAX.

Dans dix minutes ! Ah ! mon Dieu, mon Dieu ! envoie-moi quelque bonne idée.

CHŒUR DE RETOUR.

O journée
Si fortunée !
L'hyménée
Comble $^{leurs}_{nos}$ vœux.
Quel beau jour
Pour l'amour !

JENNY.

Pour moi plus de souffrances,
Oui, mon bonheur commence.

ENSEMBLE.

O journée, etc.

SIR JOHN.

Mais sais-tu qu'elle est fort jolie, ta femme.

HALIFAX.

Oui, oui, elle est charmante.

SIR JOHN.

Heureux coquin !

HALIFAX.

Vous trouvez, monseigneur ?

JENNY.

Ah ! mon ami, j'étais inquiète, je ne savais pas ce que vous étiez devenu.

HALIFAX.

Je me suis trouvé un peu indisposé.

JENNY.

Oh! mon Dieu!

SIR JOHN.

Mais cela va mieux, tranquillisez-vous.

HALIFAX.

Non, au contraire, cela va plus mal.

JENNY.

En effet, mon ami, vous êtes bien pâle.

HALIFAX.

N'est-ce pas?

JENNY.

Vous tremblez!

HALIFAX.

Oui, je me sens fort mal à mon aise. (A Jenny.) Évanouis-toi.

JENNY.

Comment! que je m'évanouisse?

HALIFAX.

Je te dis que je suis très-malade... Evanouis-toi vite, ou je suis un homme mort.

JENNY, se laissant aller sur un fauteuil.

Ah! mon Dieu!

ACTE II, SCÈNE IX.

TOM et ANNA.

Elle se trouve mal !

HALIFAX, à ses genoux.

Oui, elle se trouve mal... parfaitement mal... Trouve-toi encore plus mal si, c'est possible !

ANNA.

O pauvre Jenny !

HALIFAX.

Messieurs, vous le voyez, dans cet état-là elle ne peut pas aller à Londres... Monseigneur, il y aurait de la cruauté...

TOUS.

Oh ! oui, monseigneur, c'est impossible...

SIR JOHN.

C'est juste, elle ne peut pas venir à Londres, souffrante comme elle l'est.

HALIFAX.

Ah ! je respire (Jenny fait un mouvement.) Non, pas encore.

SIR JOHN.

Mais tu peux y venir, toi !

HALIFAX.

Comment, moi !

SIR JOHN.

Sans doute, tu te portes bien, toi!

HALIFAX.

Quitter ma femme dans cet état-là!.,. Vous auriez la cruauté d'exiger...

SIR JOHN, tirant à moitié la lettre.

Moi, je n'exige rien... je ne sais pas ce que tu dis.., et je ne demande pas mieux que de partir seul...

HALIFAX.

Non, non, monseigneur, non, je ne le souffrirai pas. Comment! au milieu de la nuit! non, non, jamais... Mes amis, je vous recommande Jenny; conduisez-la dans sa chambre; elle est encore évanouie pour dix minutes au moins... ne la quittez pas.

ANNA.

Non, soyez tranquille... O mon Dieu! qu'est-ce que tout cela veut dire?

CHOEUR.

Air :

Quel événement!
Quel triste moment!
Pauvre femme,
A son âme
Qui
Je cause ce tourment?
Lorsque le bonheur
Doit naître en son cœur,

ACTE II, SCÈNE IX.

Qui
Je l'afflige soudain ?

Quel triste hymen !

Tout le monde sort, excepté sir John et Halifax.

SIR JOHN.

Et toi, monsieur le drôle, monsieur l'homme aux expédients, monsieur le bon mari, vous aurez la bonté d'accompagner ma voiture.

HALIFAX.

Bon, je me sauverai.

SIR JOHN.

De l'accompagner en avant, en coureur, à vingt-cinq pas, que je ne perde pas un instant de vue votre chapeau et votre manteau, entendez-vous ? je veux les voir ou sinon, vous savez ce qui vous pend à l'oreille.

HALIFAX.

Oui, monseigneur.

SIR JOHN.

Maintenant que tout est convenu, je vais donner mes ordres pour partir. — A vingt-cinq pas, tu m'entends ?

SCÈNE DIXIÈME.

HALIFAX, TOM RICK.

HALIFAX.

Que faire? que devenir? mon Dieu!... il me tient dans ses griffes, le vieux Satan... impossible d'en sortir... S'il ne me voit pas devant sa voiture, il reviendra sur ses pas... et je suis pendu; tandis que si je vais à Londres avec lui, il ne me fera pas pendre... mais je serai... (Apercevant Tom.) Dieu! quelle inspiration!... Tom Rick, mon ami, mon cher Tom Rick.

TOM.

Monsieur Halifax.

HALIFAX.

Tu as toujours eu envie d'aller à Londres, n'est-ce pas?

TOM.

Oh! Dieu de Dieu, si j'en ai eu envie! mais je donnerais je ne sais pas quoi pour y aller.

HALIFAX.

Eh bien! je puis t'en procurer l'agrément.

TOM.

Vous, monsieur; Halifax? vous... sans plaisanterie?

ACTE II, SCÈNE X.

HALIFAX.

Oui ; mais il n'y a pas de temps à perdre... Prends ce manteau, prends ce chapeau. (A part.) Il désire ne pas perdre de vue mon chapeau et mon manteau... il sera satisfait. (Haut.) Enfourche le cheval que tu trouveras à la porte. Sais-tu monter à cheval?

TOM.

Pas trop !... mais j'ai beaucoup monté à âne.

HALIFAX.

Tu te tiendras au pommeau de la selle d'une main.

TOM.

Des deux !

HALIFAX.

Soit, cela sera plus sûr ; tu ne te retourneras pas.

TOM.

Pas une seule fois !... Ah ! bien oui, j'aurai bien autre chose à faire que de me retourner.

HALIFAX.

Puis en arrivant à Londres, tu descendras de cheval, tu viendras ouvrir la portière de mylord, et sois tranquille, il te donnera un bon pour-boire.

TOM.

Et je verrai Londres?

HALIFAX.

Pardieu ! tu y vas pour cela... Tu as bien compris?...

tu enfourches le cheval, tu te tiens d'une main à la selle...

TOM.

Des deux... Allez toujours.

HALIFAX.

Tu ne retournes pas la tête, tu ouvres la portière, tu reçois ton pour-boire, et tu as de l'agrément... Maintenant à cheval.

TOM.

A cheval !... Ah ! je vais donc voir Londres !

Il sort par la porte du fond.

HALIFAX, *le regardant s'éloigner.*

Va, mon ami, mon cher Tom Rick, va... Et maintenant, attendons que nos amis se soient éloignés... (Il s'approche de la porte.) Je les entends, ils ne peuvent tarder à partir.. (Se retournant.) Monseigneur ! s'il me voyait, tout serait perdu !... Eh ! vite, dans ce cabinet.

Il se cache.

SCÈNE ONZIEME.

SIR JOHN, entrant par la porte de côté.

Là, tout est prêt... Eh bien! où est-il donc ce drôle-là?... Est-ce qu'il aurait eu l'audace... (Il regarde par la fenêtre du fond.) Ah! non, je le vois là-bas, il est déjà à cheval... Très-bien, mon ami; à présent, je suis sûr de lui.

Il sort par la porte du milieu.

SCÈNE DOUZIÈME.

CHOEUR *d'Invités sortant de la chambre de la mariée.*

Air : *Walse de Giselle.*

Pour célébrer le jour qui les rassemble,
Loin de ces lieux, amis retirons-nous.
Voici la nuit, il faut laisser ensemble
Discrètement ces fortunés époux.

HALIFAX, *sortant par la porte latérale ; il va sur la pointe du pied regarder à son tour à la fenêtre du fond ; on entend le roulement d'une voiture.*

Bon ! le voilà parti !... je serai peut-être pendu demain ; mais ma foi, j'ai plus d'une fois risqué la corde pour moins que cela.

Il entre dans la chambre de sa femme.

ACTE TROISIÈME.

SCÈNE PREMIÈRE.

JENNY, HALIFAX.

JENNY.

Oh! mon Dieu! mon ami, que me dites-vous donc là?... partir!

HALIFAX.

Partir, oui, ma petite femme, et sans perdre une minute encore!

JENNY.

O mon Dieu! quand nous avons à peine passé quelques heures ensemble!

HALIFAX.

C'est pour en passer beaucoup d'autres de la même façon.

JENNY.

Mais je ne te comprends pas, mon ami.

HALIFAX.

Je me comprends, c'est tout ce qu'il faut.

JENNY.

Mais que pouvons-nous avoir à craindre, protégés par lord Clarendon?

HALIFAX.

Presque rien, mais il faut partir.

JENNY.

Et quand lord Dumbar, le favori du roi, est plein de bontés pour nous?

HALIFAX.

Certainement, il est plein de bontés pour nous, il en a même trop de bontés pour nous... et ça finirait mal.

JENNY.

Alors, James, comme avant tout je dois vous obéir, quoiqu'il soit bien terrible d'obéir à un mari qui a déjà des secrets pour nous le lendemain de ses noces... je suis prête.

HALIFAX.

Très-bien.

JENNY.

Le temps seulement d'embrasser Anna.

ACTE III, SCÈNE I.

HALIFAX.

A merveille !... et moi, pendant ce temps... Ah! mon Dieu !

JENNY.

Eh bien ?

HALIFAX.

Le galop d'un cheval.

JENNY.

C'est Tom qui arrive ventre à terre... Ah! mon Dieu! pauvre Tom !

HALIFAX.

Quoi ?

JENNY.

Le cheval s'est arrêté court à la porte de l'auberge.

HALIFAX.

Et le cavalier a continué son chemin... ce n'est rien.

TOM, criant en dehors.

Oh! la la ! oh ! la la !

HALIFAX.

Seulement, si Tom arrive, monseigneur doit le suivre... Pourquoi ne sommes-nous pas partis hier soir ?... nous aurions couru toute la nuit, et nous serions loin maintenant.

JENNY.

O mon Dieu! voilà que ça te reprend!

HALIFAX.

Ça ne m'avait jamais quitté.

TOM, criant dans l'escalier.

Oh! la la! oh! la la!

SCENE DEUXIEME.

ARTHUR, HALIFAX, JENNY, puis TOM.

ARTHUR, entrant.

Qu'y a-t-il donc?

HALIFAX.

Ah! c'est vous, très-bien!... Bonjour, monsieur Arthur... nous nous en allons... Jenny, embrasse ta sœur, et partons.

ARTHUR.

Qu'est-ce que cela signifie?

HALIFAX.

Jenny vous contera la chose; moi, je vais faire quelques préparatifs de départ.

TOM, entrant roide comme un manche à balai.

Ah! c'est vous, monsieur Halifax... merci, ah! merci... Je vous en fais mon compliment, il a été joli, votre pourboire, et une autre fois, quand vous n'aurez que des cadeaux pareils à faire à vos amis, vous pourrez bien les garder pour vous... Tenez, le voilà votre chapeau; tenez, le voilà votre manteau.

ARTHUR.

Que t'est-il donc arrivé, mon pauvre Tom?

JENNY.

Oui, voyons, assieds-toi, et conte-nous cela.

TOM.

M'asseoir!... Si je puis m'asseoir dans trois semaines, je serai très-content !

JENNY.

Mais qu'as-tu donc?

TOM.

Ce que j'ai!... J'ai que votre mari s'est conduit vis-à-vis de moi d'une façon... Oh!... allons donc...

JENNY.

Comment mon mari est-il cause?...

TOM.

Comment il est cause, le sournois?... Il vient à moi hier d'un air aimable, me dire : Tom, mon cher Tom, tu as envie d'aller à Londres, n'est-ce pas?... Vous savez, c'était mon tic, je voulais aller à Londres... je voulais voir Londres, moi!

ARTHUR.

Eh bien! tu y as été et tu l'as vu...

TOM.

Oh! oui, et agréablement encore, je peux m'en flatter!... Je lui réponds: Oh! oui!... oh! oui... oh! oui, monsieur Halifax!... Eh bien! dit-il, prends mon chapeau et mon manteau, monte sur mon cheval, cours devant la voiture de sir John Dumbar, et en arrivant, tu auras un bon pourboire, et tu verras Londres... Je mets son chapeau, qui m'allait horriblement mal; je mets son manteau, qui m'était une fois trop long; je monte sur son cheval, qui était une fois trop dur; je pars d'un galop enragé... Quatre heures après nous étions à Londres... Je fais un effort, je descends de cheval, je prends mon chapeau à la main, et j'ouvre la portière avec la figure la plus agréable que je puis prendre... comme cela, tenez...

JENNY.

Eh bien?

TOM.

Eh bien! il paraît que sir John n'aime pas les figures agréables, car à peine eût-il vu la mienne à la lueur des lanternes de sa voiture, qu'il m'allonge le plus vigoureux soufflet!... Écoutez, j'en ai bien reçu, mais jamais, au grand jamais, un de la force de celui-là... V'la d'abord pour mon pourboire, bon!

ARTHUR.

O mon pauvre Tom!

TOM.

Puis il ajoute : Conduisez ce drôle-là dans la mansarde, tandis que je vais chercher chez le chancelier un ordre pour faire pendre un autre drôle.

JENNY.

O mon Dieu !

TOM.

Oui, oui, c'est comme cela... Ça vous fait de la peine, à vous... je le crois pardieu bien, à qui ça n'en ferait-il pas ?... Mais attendez encore, ce n'est pas tout... Je monte dans ma mansarde et je me dis : Au moins, de ma fenêtre je verrai Londres... il faisait un clair de lune magnifique !

ARTHUR.

C'était une consolation.

JENNY.

Eh bien ?

TOM.

Eh bien !... ma fenêtre donnait sur une cour, avec un grand mur devant... Un quart d'heure après, pendant que je regardais mon mur, on remonte et l'on me dit : Allons, allons, il faut repartir !... A cheval ? que je m'écrie ; je commençais à en avoir déjà assez de cet animal... Sans doute à cheval, qu'on me répond... Il n'y avait pas à raisonner ; je remonte sur mon quadrupède... quand je dis mon quadrupède, c'en était un autre, quatre fois plus dur que le premier. Sir John était déjà dans sa voiture ; il me crie : En avant, drôle, en avant !... Je repars au galop... aux trois quarts du chemin, mon cheval s'emporte ; je crie pour le retenir ; plus je crie, plus il court!... Enfin, je croyais qu'il allait m'emporter comme cela au bout du monde, quand en passant devant l'auberge il s'arrête tout court; il paraît qu'il a l'habitude de loger ici... Moi, qui n'étais pas prévenu je saute par-dessus ses oreilles; vous comprenez, c'était mon chemin ; c'est alors que vous m'avez entendu crier: Oh! la la!

JENNY.

Mon pauvre Tom!

TOM.

Oh! oui, votre pauvre Tom, il peut s'en vanter d'être intéressant!... Aussi, qu'il me demande jamais un service, votre crocodile de mari!

HALIFAX, rentrant.

Mon cher Tom, fais-moi un plaisir...

TOM.

Un plaisir à vous?... Jamais... jamais!...

JENNY.

Mais à moi, Tom ?

TOM.

A vous, c'est autre chose... Jamais non plus... vous êtes sa femme...

HALIFAX.

Fais-moi le plaisir d'aller aider le garçon d'écurie à mettre le cheval à la voiture.

JENNY.

Entends-tu, Tom, je t'en prie...

TOM.

Oh! il faut bien que ce soit pour vous... Mais pour lui! jamais, jamais, jamais!

HALIFAX.

Et maintenant, à nous, ma petite femme; en route!

JENNY.

Adieu, monsieur Arthur, adieu, adieu! Embrassez Anna.

HALIFAX, ouvre la porte, et la trouve gardée par deux sentinelles.

Eh bien!... Qu'est-ce que c'est que cela?

LE SERGENT, croisant la hallebarde.

On ne passe pas!

HALIFAX.

Comment, on ne passe pas?

LE SERGENT.

Non.

HALIFAX, montrant Arthur.

C'est monsieur qui ne passe pas... mais moi!

LE SERGENT.

Personne ne passe jusqu'à l'arrivée de sir John Dumbar.

HALIFAX.

Oh! le vieux scélérat!... Quand je te le disais...

ARTHUR.

Mais qu'y a-t-il ?... qu'est-ce que cela signifie?

HALIFAX.

Cela signifie que sir John Dumbar aime ma femme.

JENNY.

Mais je ne l'aime pas, moi.

HALIFAX.

Ça ne fait rien.

ARTHUR.

Mais sur les terres de lord Clarendon il n'osera rien contre Jenny.

HALIFAX.

C'est juste; mais contre moi il osera quelque chose.

ARTHUR.

Qu'osera-t-il ?

HALIFAX.

Il osera me faire pendre.

JENNY.

En effet, cela me rappelle que Tom nous a dit que sir John Dumbar ne s'était arrêté à Londres que juste le temps de prendre un ordre pour faire pendre un drôle.

HALIFAX, bas à Arthur.

Le drôle, c'est moi.

ARTHUR.

Ah! mon Dieu!... comment te tirer de là!

HALIFAX.

Si vous vouliez me le dire, vous me rendriez service.

ARTHUR.

Par cette fenêtre...

HALIFAX.

Il y a des sentinelles... Toutes ses précautions étaient prises.

Il tombe sur un fauteuil.

SCÈNE TROISIÈME.

HALIFAX, ARTHUR, SIR JOHN.

SIR JOHN.

Ah! voilà mon homme!

JENNY.

Oh! monseigneur!

SIR JOHN.

Ma chère enfant, voulez-vous me faire le plaisir de me laisser causer cinq minutes avec votre mari?

JENNY, à Halifax.

Est-ce que je dois...

HALIFAX.

Oui, nous avons une affaire à démêler ensemble.

Jenny sort.

ARTHUR.

Mais, mon oncle...

SIR JOHN.

Ah! vous voilà encore, monsieur! Votre affaire est faite... J'ai vu le roi... je lui ai parlé de votre mariage, et comme il pense que votre belle villageoise vous a inspiré le goût des champs, il vous défend de rentrer à Londres. Allez.

ARTHUR.

J'obéirai au roi, mon oncle.

SIR JOHN.

C'est bien... c'est très-bien. Allez, et que je ne vous revoie plus.

SCÈNE QUATRIEME.

SIR JOHN, HALIFAX.

SIR JOHN.

Eh bien! mon pauvre garçon, nous nous sommes donc laissé prendre...

HALIFAX.

Ah! monseigneur vous devez bien m'en vouloir.

SIR JOHN.

Moi? pas du tout!

HALIFAX.

Je conçois votre colère contre moi...

SIR JOHN.

Je ne sais pas ce que tu veux dire.

HALIFAX.

Votre vengeance est bien légitime.

SIR JOHN.

Oui, mais moi, je suis bon prince... je te pardonne.

HALIFAX.

Comment, sans plaisanteries... vous me pardonnez?...

SIR JOHN.

Oh! mon Dieu, oui... et si cela peut te consoler à ton dernier moment...

HALIFAX.

Comment, à mon dernier moment?... Mais je croyais que vous me disiez...

SIR JOHN.

Que je te pardonnais... oui... moi... personnellement... Mais reste le roi.

HALIFAX.

Et le roi...

SIR JOHN.

Ne te pardonne pas, lui... au contraire.

HALIFAX.

Je comprends... Il sait que c'est moi qui ai tué lord Dudley.

SIR JOHN.

Je ne le lui ai pas dit, espérant toujours trouver un moyen de te sauver, tant tu m'intéresses, mon pauvre ami...

HALIFAX.

Oui, j'entends... il y a un moyen...

SIR JOHN.

Le roi m'a dit : Sir John Dumbar, il me faut l'homme qui a tué Dudley...

HALIFAX.

Oui, il le lui faut... Je comprends... je lui suis nécessaire.

SIR JOHN.

C'est une idée qu'il a, ce bon, cet excellent roi... Sir John Dumbar, a-t-il continué...

HALIFAX.

Ce bon, cet excellent roi... toujours.

SIR JOHN.

Oui... Sir John Dumbar, c'est vous que je charge donc de le découvrir... et si vous ne le découvrez pas, ne vous représentez jamais devant moi... Or, tu comprends, j'aime trop le roi, je suis trop dévoué à mon souverain, pour me priver à tout jamais de revoir son gracieux visage... Alors, je suis parti, en disant que je croyais savoir où était le meurtrier, et que j'espérais revenir bientôt avec lui. Maintenant, tu vois la position... tu es un homme d'esprit.

HALIFAX.

Monseigneur est trop bon !

SIR JOHN.

Homme de ressources...

HALIFAX.

Monseigneur me flatte.

SIR JOHN.

Tire-toi de là comme tu pourras.

HALIFAX.

La chose me paraît bien désespérée, et à moins que monseigneur ne consente à m'aider un peu...

SIR JOHN.

Attends... (Il appelle.) Sergent!...

<small>Le Sergent ouvre la porte.</small>

LE SERGENT.

Monseigneur...

SIR JOHN.

Vous voyez bien monsieur?

LE SERGENT.

Parfaitement.

SIR JOHN.

S'il cherche à se sauver par la porte, s'il cherche à s'échapper par la fenêtre, s'il cherche enfin à fuir de quelque manière que ce soit, faites feu sur lui!... Vous m'en répondez sur votre tête.

LE SERGENT.

Oui, monseigneur.

<small>Il referme la porte.</small>

SIR JOHN.

Voilà tout ce que je puis faire pour toi.

HALIFAX.

Eh bien! mille remercîments; c'est toujours cela.

SIR JOHN.

Et maintenant, comme je ne suis pas un Turc et que je me mets à ta place, mon pauvre garçon, je te donne une demi-heure pour faire tes adieux à ta femme et à tes amis.

HALIFAX.

Et après?

SIR JOHN.

Et après, je t'emmène... non pas devant moi, non pas derrière moi... mais avec moi... dans ma voiture!...

HALIFAX.

C'est bien de l'honneur que vous me faites, monseigneur... et... sans être trop curieux, où m'emmenez-vous comme cela?

SIR JOHN.

Oh! mon Dieu! à Londres... le roi veut un exemple... et tu comprends, si l'on te pendait dans un petit village comme celui-ci... l'exemple serait perdu...

HALIFAX.

C'est juste... c'est parfaitement juste.

SIR JOHN.

Il va sans dire que tu pourras répéter là-bas cette charmante histoire que tu m'as faite... Tu sais, cette bonne action... cette pauvre jeune fille qui appelait du secours... Seulement, je te préviens que si tu n'as pas plus de preuves à donner à tes juges que tu n'en as eu à me donner, à moi, cette histoire, tout ingénieuse qu'elle est, pourra bien n'avoir pas plus de succès la seconde fois que la première.

HALIFAX.

C'est cependant la vérité.

SIR JOHN.

Eh bien! mon garçon, tu la diras, la vérité... en attendant... (tirant sa montre) tu as une demi-heure... tu le sais... il est neuf heures et demie, à dix heures nous partons.

HALIFAX.

J'ai une demi-heure?

SIR JOHN.

Une demi-heure.

HALIFAX, tirant sa montre.

Permettez que je compare... il y a des montres qui avancent d'un moment à l'autre.

SIR JOHN.

Oui, plaisante, mon gaillard, plaisante...

Il sort.

SCENE CINQUIEME.

HALIFAX.

Je ne plaisante pas du tout, parole d'honneur... au contraire!... Allons, Halifax, mon ami... voilà le grand moment arrivé... Tu t'attendais que cela finirait un jour ou l'autre ainsi... Seulement tu ne croyais pas que ce serait si tôt... Allons donc!... qu'est-ce que c'est que cela, Halifax? je crois, Dieu me pardonne, que tu as peur... Non, non... ce n'est pas la peur... Il y a huit jours, je serais mort en sifflant *Dieu sauve le roi*... Mais il y a huit jours je n'avais pas une jolie petite femme... une petite femme qui m'aimait... Pauvre Jenny! c'était bien la peine de me retouver... pour devenir veuve, après un jour de noce... quand nous pouvions être si heureux ensemble!... Allons, allons, il ne faut pas penser à tout cela... Supposons que c'est un rêve... un charmant rêve, ma foi!... Mais surtout, laissons-lui ignorer la vérité!... Elle la saura toujours assez tôt... Pauvre petite! Ah! la voilà!

SCENE SIXIEME.

JENNY, HALIFAX.

JENNY.

Eh bien, mon ami?

HALIFAX.

Eh bien, ma chère petite femme... depuis que j'ai quitté le village de Stannington, il s'est passé bien des choses... J'ai eu une jeunesse orageuse... très-orageuse même... Il y a beaucoup d'événements que j'avais oubliés.... Mais il y a des gens qui ont eu meilleure mémoire que moi... de sorte que, dans ce moment-ci, on m'attend à Londres.

JENNY.

On t'attend!... et pourquoi faire?

HALIFAX.

Ah! voilà... voilà ce que je ne sais pas précisément... Cependant, comme tu comprends bien, je devine que ce n'est pas pour m'y porter en triomphe... Je vais probablement avoir un procès.

JENNY.

Long?

ACTE III, SCÈNE VI.

HALIFAX.

Je l'espère... Or, comme selon toute probabilité, le procès sera assaisonné d'un peu de prison... de beaucoup de prison même, tu comprends que pendant ce temps-là je ne me soucie point de te laisser exposée aux aimables galanteries de monseigneur.

JENNY.

Oh! comment peux-tu craindre?...

HALIFAX.

Je crains tout... Je désire donc que tu quittes l'Angleterre.

JENNY.

Et où irai-je, mon Dieu?

HALIFAX.

Tu iras en France.

JENNY.

Et là je t'attendrai?

HALIFAX.

Oui, tu m'attendras... je vais te donner une lettre pour la pauvre chère femme qui m'a élevé... Tu lui diras que j'ai été toute ma vie un assez mauvais garnement, attendu qu'elle m'a prodigieusement gâté, cette bonne Gertrude, et que j'ai admirablement profité de la détestable éducation qu'elle m'a donnée... Dis-lui que cette éducation m'a mené loin... et va peut-être me conduire assez haut!... Si l'on ne me retient pas à

Londres... et il faudra qu'on m'y retienne bien fort pour que j'y reste... j'irai te rejoindre... Cependant, si tu ne me voyais pas de quelque temps, ne sois pas inquiète... Si tu ne me revoyais pas de longtemps, prends patience. Enfin, si tu ne me revoyais pas de très-longtemps, de... jamais, par exemple... eh bien, ne te désole pas trop.

JENNY.

Ah!...

HALIFAX.

Pense seulement quelquefois à ton ami d'enfance, à ce bon James, à ton mari, ce pauvre Halifax, que tu avais déjà plus d'à moitié corrigé, et que tu aurais fini par rendre honnête homme tout à fait... si le bon Dieu t'en avait donné le temps. Allons, allons, ne pleure pas, cela ne sert à rien, qu'à m'attendrir moi-même... et voilà... tiens, oh! mais c'est bête comme tout, cela ; je n'y verrai plus pour écrire.

JENNY.

Oh! mon Dieu! mon Dieu!

HALIFAX.

Et tu comprends, il y a des circonstances où l'on a besoin de tout son sang-froid. Ainsi, c'est convenu, aussitôt moi parti pour Londres, tu pars pour la France, sans même attendre de mes nouvelles, cela te retarderait trop. Tu vas trouver Gertrude, et comme tu n'as pas beaucoup d'argent, qu'elle n'en a guère et que moi je n'en ai pas du tout, prends ces bijoux qui, si je ne me trompe, doivent valoir pas mal de guinées.

JENNY.

Qu'est-ce que c'est?

HALIFAX.

Un collier; tu peux le vendre, il est bien à nous; je le paye assez cher pour cela... Ainsi, n'aie pas de scrupules, tu peux dire qu'il est à toi, bien à toi!... Quant à moi...

JENNY.

Tu sors? où vas-tu?

HALIFAX.

Je vais écrire ta lettre pour Gertrude, il n'y a ici ni plume, ni encre, ni papier... D'ailleurs, ma pauvre petite... là, vraiment, j'ai besoin d'être un instant seul; un instant, puis je reviens. (A part et tirant sa montre.) Je n'ai plus qu'un quart d'heure. (Haut.) Au revoir donc... embrasse-moi encore une fois... c'est peut-être la dernière. Allons, allons, du courage; attends-moi.

Il entre dans la chambre à gauche.

SCÈNE SEPTIÈME.

JENNY, seule.

Du courage... oui, oui, j'en aurai, je tâcherai d'en avoir... Mais il ne m'avoue pas tout, j'en suis sûre. Le danger qui le menace est plus grand qu'il ne dit... Oh! non, je n'irai pas en France, je le suivrai à Londres. (Sir John entre.) Et si l'argent me manque, je vendrai ce collier comme il me l'a dit.

Elle ouvre l'écrin et regarde le collier.

SCÈNE HUITIÈME.

SIR JOHN, JENNY.

SIR JOHN, au fond.

Elle est seule... que fait-elle donc ?... (Il s'approche doucement et regardant par-dessus l'épaule de Jenny, il aperçoit le collier.) Hein !... qu'ai-je vu ?...

JENNY, se retournant, et cachant le collier.

Quelqu'un ! Monseigneur...

SIR JOHN, cherchant à voir le collier qu'elle tient caché.

Comment, petite, est-ce que je fais peur ?

JENNY.

Oui, monseigneur; car c'est vous qui perdez mon mari, vous qui nous séparez... et je vous aimais pour notre mariage que vous aviez fait, je vous bénissais pour le bonheur de ma vie que je croyais vous devoir.

SIR JOHN.

Allons, allons, calme-toi ; que de regrets pour un mauvais sujet que tu ne connais que depuis deux jours. que tu n'aimes pas, que tu ne peux pas aimer !

JENNY.

Vous vous trompez, il y a longtemps que nous nous

connaissons, il y a longtemps que je l'aime; car nous sommes du même pays, il est né, comme moi, au village de Stannington.

SIR JOHN, étonné.

Stannington!... tu es née à Stannington?

JENNY.

C'est là que James m'a souvent défendue, protégée, pauvre orpheline que j'étais...

SIR JOHN.

Orpheline!... née à Stannington!... et j'ai cru reconnaître!... Mon enfant, ce collier, je veux voir ce collier...

JENNY.

Mais, monseigneur...

SIR JOHN.

Je veux le voir, te dis-je; il le faut.

JENNY.

Le voici.

SIR JOHN.

Ah!

JENNY.

Monseigneur, il est à moi, bien à moi.

SIR JOHN.

A toi!... (Halifax entre.) Halifax! (A Jenny.) Va, mon enfant,

ACTE III, SCÈNE VIII.

laisse-nous. Je te rendrai ce collier, mais maintenant il faut que je cause avec... ton mari.

Il la conduit jusqu'à la porte.

HALIFAX, les regardant.

Qu'a-t-il donc, le digne gentilhomme?

SCENE NEUVIEME.

HALIFAX, SIR JOHN.

SIR JOHN, à part, redescendant vivement la scène.

Oh! il faut qu'il parte... il le faut à tout prix (A Halifax.) Ecoute, veux-tu sauver ta tête?

HALIFAX.

Sauver ma tête?

SIR JOHN.

Si je te ménageais un moyen de fuir?

HALIFAX.

De fuir... moi?...

SIR JOHN.

Ecoute...

HALIFAX.

Je ne perds pas une parole, monseigneur.

SIR JOHN.

Tu quitteras l'Angleterre.

HALIFAX.

A l'instant même. Je n'y tiens pas à l'Angleterre.

SIR JOHN.

Tu iras...

HALIFAX.

En France ?

SIR JOHN.

Non, ce n'est pas assez loin encore.

HALIFAX.

En Espagne ?

SIR JOHN.

Plus loin... plus loin encore... en Amérique !

HALIFAX.

En Amérique, en Afrique, aux Grandes-Indes, où vous voudrez.

SIR JOHN.

Oui... oui... et où tu seras, je te ferai passer de l'argent... beaucoup d'argent.

HALIFAX.

Ah ! monseigneur !... Eh bien ! je commence à croire que je vous avais mal jugé... Et quand partirai-je ?

SIR JOHN.

Tout de suite !

HALIFAX.

Tout de suite, c'est cela... Et ma femme ?

SIR JOHN.

Il est inutile que tu la voies.

HALIFAX.

Comment ! il est inutile que je la voie ! Est-ce que

vous croyez, par hasard, que je partirai sans ma femme?

SIR JOHN.

Certainement... et c'est à cette condition seule...

HALIFAX.

Très-bien, et je comprends votre projet. Ah! c'est noble!... ah! c'est grand, c'est généreux!... merci, monseigneur, merci!... Mais je me rappelle vos paroles, monseigneur. Vous m'avez marié parce que vous ne pouviez, disiez-vous, chasser sur les terres de lord Clarendon. Eh bien! c'est moi qui vous le dis, monseigneur, vous ne chasserez pas sur les miennes.

SIR JOHN.

Mais tu veux donc, malheureux...

HALIFAX.

Ah! faites ce que vous voudrez, monseigneur, cela m'est bien égal. Est-ce que vous croyez que j'ai peur de la mort, moi?... Ah! dans ce cas, vous vous trompez étrangement! La mort!... eh bien! mais il y a six ans que je joue avec elle, et il y a des jours où deux ou trois fois nous nous sommes trouvés en face l'un de l'autre... la mort faire peur à un soldat, à un raffiné, à un duelliste!... Allons donc! voulez-vous prendre une leçon de courage, monseigneur? eh bien, venez me voir mourir!

SCÈNE DIXIEME.

Les mêmes, JENNY, entrant.

JENNY.

Mon Dieu !... mon Dieu !... Qu'y a-t-il ?

SIR JOHN, s'approchant d'elle.

Rien... rien, mon enfant.

HALIFAX.

Un instant, monseigneur, je vis encore, ne la touchez pas !

SIR JOHN.

Mais je te dis...

HALIFAX.

Viens ici, Jenny... viens, pauvre enfant, viens, pauvre femme qu'on veut faire veuve ou déshonorée.

JENNY.

Oh ! mon Dieu ! que me dis-tu ? Monseigneur m'avait laissé espérer, monseigneur m'avait promis...

HALIFAX.

Oh ! oui... monseigneur est généreux... monseigneur me propose la vie... il me propose de fuir, mais à une condition, c'est que tu resteras ici, toi...

JENNY, se rapprochant de lui.

Oh! jamais, jamais je ne quitterai mon mari!

HALIFAX, la serrant sur son cœur.

Bien, bien, ma pauvre enfant. Viens-là... N'est-ce pas, cela est odieux?... Mais il avait pensé, cet homme, comprends-tu, il avait pensé que, pour sauver ma vie, je consentirais à te faire méprisable à tes propres yeux, et qu'abandonnée par moi, alors tu t'abandonnerais à lui, il avait pensé que tu consentirais à devenir...

SIR JOHN.

Arrête, malheureux! Puisqu'il faut te le dire, ta femme, c'était ma fille!...

HALIFAX.

Votre fille?

JENNY.

Moi, monseigneur, je suis...

SIR JOHN.

Oui, ma fille, que je cherchais, que je viens de reconnaître à ce collier que j'ai laissé à sa mère; ma fille, que j'ai perdue en te la donnant, et que je voulais sauver en t'éloignant d'elle.

JENNY.

Mais, monseigneur...

HALIFAX.

Comment... ce collier... je n'y comprends plus rien.

C'est donc toi que j'ai sauvée, il y a huit jours, dans une auberge de Stilton.

JENNY.

Dans une auberge de Stilton, un homme poursuivait une jeune fille qui appelait du secours et qui a perdu son collier.

HALIFAX.

Oui, oui, c'est cela. La nuit à onze heures.

JENNY.

Mais c'est Anna !

HALIFAX.

Silence ! tais-toi, tais-toi... Je comprends tout maintenant, monseigneur. Ah ! vous avez retrouvé votre enfant sans la chercher ? eh bien ! il est bon que vous sachiez comment vous ne l'avez pas retrouvée déshonorée.

SIR JOHN.

Déshonorée ? que veux-tu dire ?

HALIFAX.

Oh ! mon Dieu oui ; je vous ai déjà raconté cette histoire et vous m'en avez demandé la preuve. Eh bien ! la preuve, la voilà.

SIR JOHN.

Comment, cette femme ?

HALIFAX.

Aux cris de laquelle je suis accouru, cette femme qu'un lâche insultait dans une chambre d'auberge.

SIR JOHN.

Eh bien?

HALIFAX.

Eh bien! ce lâche, c'était lord Dudley, et cette femme, c'était votre fille.

JENNY.

Oh! oui, monseigneur, oui, c'est la vérité tout entière, je le jure.

HALIFAX.

Et maintenant, monseigneur, maintenant vengez la mort de votre digne ami lord Dudley, maintenant faites pendre le sauveur de votre enfant, vous avez dans votre poche tout ce qu'il faut pour cela. Lettre de Dudley, lettre du roi, ordre du chancelier.

SIR JOHN.

Oh! non, non. Tiens, Halifax, mon ami, tiens, les voilà tous ces papiers. Tiens, déchirés, déchirés.

HALIFAX.

En plus petits morceaux, en plus petits morceaux, s'il vous plaît?... Sauvé! ah! je suis sauvé! c'est comme si tous les parlements de la terre y avaient passé. A la bonne heure, voilà un bon mouvement. Bravo, monseigneur, voilà une belle action, et comme une belle action ne doit jamais rester sans récompense, je vais récompenser votre belle action en vous rendant votre fille.

SIR JOHN.

Comment, ma fille! mais la voilà, ma fille.

HALIFAX.

Non, non pas tout à fait, monseigneur, vous vous trompez, votre fille... (Il va prendre Anna.) la voilà. Venez miss Anna, et tombez aux genoux de votre père. Et si vous en doutez... (Lui prenant le collier des mains.) mon enfant, reconnaissez-vous ce bijou ?

ANNA.

Le collier qui m'a été légué par ma mère au moment de sa mort. Mais vous êtes donc sir Georges Herbert, monseigneur?

SIR JOHN.

Le nom que je portais dans ma fuite. Oh ! c'est elle, c'est bien elle.

HALIFAX.

Et oui, c'est bien elle.

SIR JOHN.

Viens, mon enfant, viens, j'aurai du moins une satisfaction, ce sera celle de déshériter monsieur mon neveu. Oui, oui, tu auras toute ma fortune, Anna. Vous entendez, je donne tous mes biens à mon enfant.

HALIFAX.

A vos enfants, c'est-à-dire.

SIR JOHN.

Comment à mes enfants?

HALIFAX.

Sans doute. Miss Anna est mariée.

SIR JOHN.

Mariée? sans mon consentement?

HALIFAX.

Vous n'étiez pas là... je lui ai donné le mien.

SIR JOHN.

Et ce mari?

HALIFAX, amenant Arthur.

Le voici, monseigneur.

SIR JOHN.

Mon neveu, comment?

ARTHUR.

Oui, mon oncle, cette petite paysanne que j'aimais, que j'ai épousée, c'était Anna.

SIR JOHN.

Allons! il est écrit que je ne me débarrasserai jamais de ce garçon-là.

HALIFAX.

Oh! mon Dieu oui, c'est impossible, vous le renvoyez par la porte, il rentre par la fenêtre; vous le chassez comme neveu, il revient comme gendre... Et maintenant, monseigneur, bénissez votre fille qui vous tend les bras... bénissez ma femme qui a veillé sur elle... bénissez-moi, qui vous l'ai rendue, et que Dieu vous bénisse.

CHOEUR.

Air : *Chœur final de Fargeau.*

Plus de débats, plus de querelle,
Nous pouvons nous donner la main,
Car la tendresse paternelle
Plaide la cause de l'hymen.

FIN.

www.ingramcontent.com/pod-product-compliance
Lightning Source LLC
Chambersburg PA
CBHW060640170426
43199CB00012B/1623